AF262019

FÉDÉRATION NATIONALE

DES

TRAVAILLEURS RÉUNIS de la MARINE de l'ÉTAT

FRANCE ET COLONIES

4me CONGRÈS

TENU A PARIS

les 25, 26, 27, 28, 29, 30 Juin
1er, 2, 3 et 4 Juillet 1903

COMPTE RENDU DES PROCÈS-VERBAUX

ET

REVENDICATIONS ADOPTÉES

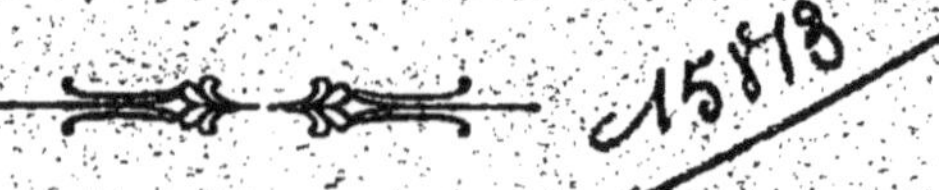

TOULON

IMPRIMERIE DU « PETIT VAR »

Angle Boulevard de Strasbourg et Rue d'Antrechaus

1905

FÉDÉRATION NATIONALE

DES

TRAVAILLEURS RÉUNIS de la MARINE de l'ÉTAT

(FRANCE ET COLONIES

4ᵐᵉ CONGRÈS

TENU A PARIS

les 25, 26, 27, 28, 29, 30 Juin
1ᵉʳ, 2, 3 et 4 Juillet 1903

COMPTE RENDU DES PROCÈS-VERBAUX

ET

REVENDICATIONS ADOPTÉES

TOULON
IMPRIMERIE DU « PETIT VAR »
Angle Boulevard de Strasbourg et Rue d'Antrechaus

1905

4ME CONGRÈS

DES

TRAVAILLEURS DE LA MARINE DE L'ÉTAT

(FRANCE ET COLONIES)

SÉANCE D'OUVERTURE : 25 JUIN (matin)

Sont présents :

Cherbourg, représenté par MARS, GICQUEL et DUPONT.
Guérigny, représenté par RICROCH.
Indret, représenté par CHICHÉ.
Lorient, représenté par TAFFIN et MINIER.
Paris, représenté par AUSSEL.
Rochefort, représenté par JOUBERT.
Ruelle, représenté par PICARD et GUYARD.
Toulon, représenté par BERTHON, REYMONENQ et ÉRON.
FRÈS, secrétaire général de la Fédération.
Brest ne s'est pas fait représenter.

Les congressistes se trouvent réunis à 8 h. du matin dans la salle des Commissions de la Bourse du Travail de Paris. A l'appel des organisations, le Syndicat de Brest n'a pas répondu. Cette organisation ne s'est pas fait représenter. Constatation en est faite.

Au début de la séance, le secrétaire général de la Fédération, rappelant les décisions adoptées, invite les congressistes à constituer le Congrès.

Il est donc procédé, par voie de tirage au sort, par port, à la nomination du président de séance. Le sort désigne l'Etablissement de Guérigny. Le camarade Ricroch (Guérigny) prend la présidence. Il invite le Congrès à procéder à la nomination de deux secrétaires de séance.

Les camarades Eron (Toulon) et Minier (Lorient) sont désignés pour remplir ces fonctions pendant les séances du matin, et les camarades Gicquel (Cherbourg) et Guyard (Ruelle) pour les séances du soir.

Le camarade Reymonenq (Toulon) est nommé délégué aux communications à faire à la presse.

Le camarade Frès est nommé secrétaire général du Congrès.

Le président déclare ensuite le 4ᵉ Congrès constitué et invite tous les délégués à procéder à la nomination de la Commission de la vérification des Pouvoirs.

Sont nommés pour faire partie de ladite Commission : les camarades Joubert (Rochefort); Aussel (Laboratoire Central, Paris), et Chiché (Indret). En vérifiant les mandats des délégués, ladite Commission constate que les délégués du Syndicat de Lorient ne justifient d'aucun mandat régulier.

Les délégués de Lorient expliquent que la hâte avec laquelle le Congrès a été décidé, n'a pas donné le temps d'établir ces pièces, mais leur mandat leur sera adressé à bref délai et qu'en tout cas, la lettre du Syndicat de Lorient, adressée au Comité Fédéral, témoigne de l'officialité des pouvoirs conférés aux camarades Taffin et Minier par leur Syndicat.

Le Congrès accepte les explications fournies par les deux camarades et prononce la validation de leur délégation.

Le Congrès adopte ensuite les conclusions de la Commission de vérification des pouvoirs. L'ordre du jour est ensuite abordé.

Berthon (Toulon) propose de nommer une délégation pour aller soumettre au Ministre les protestations des ouvriers chauffeurs et mécaniciens du port de Toulon allant à la mer et que l'on exigera le retrait de la circulaire ministérielle du 6 juin, les lésant.

Joubert (Rochefort) propose que ce soit le Congrès en entier qui aille en corps présenter ces protestations au Ministre de la Marine.

Aussel (Paris) propose que la question des avancements soit portée en même temps, afin de mettre le Ministre en demeure de s'exécuter ou de s'expliquer.

Picard (Ruelle), Mars (Cherbourg) appuient cette proposition.

Joubert (Rochefort) demande que la question des ouvriers allant en rade soit portée en même temps que celle des chauffeurs allant aux essais, car elles sont connexes toutes deux.

Des divergences de vues sont soulevées à ce sujet et il est décidé que l'on ne traitera, pendant cette entrevue, que les deux grandes questions d'ordre général, concernant les chauffeurs allant aux essais et les avancements non payés, et que Rochefort pourra soumettre son cas particulier.

La séance est suspendue pendant un 1/4 d'heure pour permettre aux divers délégués de prévenir leurs représentants à la Chambre afin de leur préparer une entrevue immédiate avec le Ministre.

A la reprise de la séance, Ricroch (Guérigny) signale une contradiction entre les revendications acceptées et les réclamations de certaines catégories d'ouvriers, réclamations qui semblent démontrer que la diminution de la durée de la journée de travail a réalisé dans certaines catégories d'ouvriers une diminution de la main d'œuvre.

Rochefort, le Laboratoire Central, Toulon et Cherbourg protestent contre la prétention de certains ouvriers réclamant des mesures qui constitueraient une inégalité flagrante.

Indret demande que l'on revienne à l'ordre du jour, que cette question sera traitée à son heure.

Le Secrétaire Général de l'Union Fédérative est admis en ce moment à rendre compte des diverses démarches qu'il a effectuées pendant le cours de l'année sur la demande du Comité Fédéral et de diverses organisations.

Le camarade Villé, après avoir souhaité la bienvenue aux congressistes, détaille chacune de ses démarches et signale la plupart des résultats favorables obtenus.

Le Congrès lui vote des félicitations à ce sujet et le remercie de son dévouement.

Diverses propositions d'ordres secondaires et étrangères à l'ordre du jour sont mises en discussion, mais le Congrès décide de les résoudre à l'instant où l'ordre du jour les appellera en discussion.

La séance est levée à midi.

Bourse du Travail, 25 juin 1903.

Le Secrétaire Général du Congrès,

P. FRÈS.

Les secrétaires de séance,

ERON, MINIER.

Première Entrevue Ministérielle

DU 25 JUIN 1903 (soir)

Ainsi que le Congrès l'a décidé lors de sa séance du 25 juin, matin, les congressistes se sont rendus à 3 h. de l'après-midi auprès du Ministre. Ils étaient accompagnés par le citoyen Ferrero.

Le camarade Berthon proteste contre la punition infligée aux ouvriers chauffeurs de l'Arsenal de Toulon pour avoir refusé de procéder aux essais du *Sully* parce que les autorités maritimes de Toulon avaient violé les contrats qui les liaient à eux.

Le chef de cabinet, seul présent, lui répond que l'acte commis par les ouvriers chauffeurs de Toulon risque de porter une grave atteinte à l'autorité ministérielle, d'autant plus que les ouvriers avaient reçu la promesse formelle que la circulaire les lésant dans leurs intérêts allait être retirée. M. Tissier affirme qu'il n'a eu connaissance des incidents qui se sont produits et des motifs qui les ont provoqués que par la voie de la presse. L'acte qu'ont commis les ouvriers chauffeurs, met le Ministre dans l'impossibilité d'être bienveillant envers eux, car ils auraient dû obéir d'abord et protester ensuite.

Le camarade Berthon lui répond que si les ouvriers ont refusé d'aller aux essais c'est parce qu'on les frustrait d'une grande partie de leur indemnité et qu'on semblait ne pas vouloir leur donner satisfaction, car plusieurs lettres adressées à M. le Ministre par le Syndicat de Toulon sont demeurées sans réponse.

Ce n'est que par le citoyen Ferrero que l'on eut connaissance presque officielle du retrait de la circulaire du 5 juin 1903. Or, même après que le député de Toulon eut affirmé que le Ministre accordait satisfaction aux ouvriers chauffeurs, les autorités maritimes affirmèrent catégoriquement, et sans vouloir accorder nulle considération à la probité du député de Toulon, qu'elles n'avaient reçu aucun ordre; que la circulaire conservait donc son plein effet. Donc le refus d'accomplir un travail pour lequel les tarifs venaient d'être diminués, était suffisamment motivé et qu'il était injuste de punir des hommes qui défendent un droit que l'on veut leur ravir.

Le chef de cabinet conteste que les ouvriers aient ainsi le droit de refuser de se rendre au travail. La grève générale eut été acceptable et non cet acte d'indiscipline. Il affirme ne pas avoir reçu la lettre du Syndicat de Toulon réclamant l'abrogation de la circulaire incriminée, mais il ajoute que, en eût-il eu connaissance, les ouvriers n'avaient pas le droit d'enlever au Ministre le moyen de la réflexion, qu'une telle façon de procéder le mettait, devant l'opinion publique, dans une attitude de dépendance inacceptable et que, pour ces raisons, la punition serait maintenue, à moins que les ouvriers ne voulussent la mort des syndicats, car si le Ministre acceptait une capitulation devant les Syndicats, le parti réactionnaire, avantagé par cette faiblesse ministérielle, triompherait fatalement du Ministre, dont la chute entraînerait avec lui la disparition forcée de tous les syndicats de la Marine, dont l'existence finirait par être contestée et par répercussion, celle de tous les travailleurs de l'Etat. Donc, que les ouvriers prononcent et disposent de leur sort.

Le camarade Berthon insiste de nouveau, pour démontrer que la vie ministérielle n'est pas liée à un acte de justice, mais il se heurte devant l'obstination du chef de Cabinet.

Le camarade Frès, intervenant, explique que tous ces incidents sont le résultat recherché par une catégorie de gens auxquels le Ministère semble, aujourd'hui, donner des gages. Quant à l'acte d'indiscipline, il est motivé et le prétexte de grève générale ne peut être invoqué comme moyen dilatoire, car seuls, les ouvriers lésés ont légalement le droit de refuser d'accomplir un travail dont la rémunération vient d'être avilie et, de même que le camarade Berthon, le camarade Frès proteste que s'il doit y avoir punition, seuls les auteurs de l'incident doivent être punis, c'est-à-dire les représentants des syndicats.

Le chef de Cabinet refuse d'adopter une telle tactique.

Le camarade Reymonenq insiste à son tour pour expliquer le malentendu qui a causé ce déplorable incident. Il ne voudrait pas, quant à lui, faire échec au Ministère; cependant, on ne peut pas rendre les ouvriers responsables d'une erreur commise par d'autres, peut-être involontairement et, pour ces motifs, il supplie M. le chef de Cabinet d'obtenir du citoyen Pelletan de revenir sur une telle décision, qui peut nuire au Ministre réformateur, qui a promis d'être le défenseur des humbles.

Mais malgré les raisons exposées et toute l'éloquence dépensée, le chef de Cabinet demeure inflexible : ou les ouvriers doivent être punis quand ils commettent une infraction à la discipline, ou bien il n'y a pas de ministère possible.

Le camarade Joubert lui expose alors le cas des ouvriers de Rochefort qui ont travaillé à bord. Il signale au chef de Cabinet que la rade étant distante de l'Arsenal de 20 à 30 kilomètres, les ouvriers doivent avoir droit au paiement des heures passées à bord pendant les aller et retour. Il signale, à cette occasion, la duplicité du Directeur des Constructions Navales qui propose de payer ces heures supplémentaires à raison de 0,20 l'heure, taux inférieur à l'allocation réglementaire. Le chef de Cabinet lui répond que le Ministre ne peut forcément connaître toutes les choses de l'administration maritime par le détail; c'est aux ouvriers eux-mêmes à le renseigner. Que le Syndicat de Rochefort lui envoie donc des notes à ce sujet, et le nécessaire sera fait.

Le camarade Aussel signale qu'au Laboratoire Central aucun avancement n'a été payé cette année, ni à la capacité, ni à l'ancienneté, ce qui est illégal. Il explique les raisons alléguées par le colonel directeur.

Le camarade Picard lui apprend qu'à Ruelle, il en est de même et que, de cette façon, les décrets sont violés.

Le chef de Cabinet lui répond que l'avancement à l'ancienneté étant un avancement de droit, on n'avait pas à s'embarrasser des questions budgétaires; donc ces avancements devraient être payés. Quant aux primes à la capacité, le Ministre s'efforce d'arracher, bribes par bribes, des renseignements pour effectuer un avancement général et il profitera du moment propice pour faire opérer cet avancement dans lequel ne pourront être compris que les permanents.

Le camarade Berthon proteste contre cette exclusion des ouvriers stagiaires, du bénéfice d'un avancement, et que cette exclusion constituerait une injustice.

Le camarade Frès explique qu'en supprimant les primes à la capacité et en reversant le crédit qui leur est affecté, à la constitution d'un avancement unique à l'ancienneté, l'avancement peut, l'année prochaine, être réalisé pour la totalité des agents des personnels ouvriers.

Le camarade Picard signale qu'à Ruelle, l'allocation des primes pour travaux à la tâche a atteint, cette année, la somme de 200.000 fr. malgré que les ouvriers aient protesté contre ce genre de travaux, condamné par le Parlement en 1902.

Le camarade Ricroch signale les déplorables effets du travail à la tâche à Guérigny où, de par le fait de l'application des tarifs, les ouvriers subissent des retenues de salaires.

Le camarade Frès démontre que le travail à la tâche ne peut produire d'autres résultats, étant un agent d'avilissement et propagateur d'égoïsme.

Le camarade Picard fait lire, au chef de Cabinet, un ordre du jour du colonel directeur de l'établissement de Ruelle, félicitant hautement les ouvriers pour leur activité dans l'exécution de leurs travaux, malgré que la durée de la journée ait été diminuée.

Le chef de Cabinet convient, en effet, que de tels témoignages sont les meilleurs arguments dont bénéficiera la journée de 8 heures. D'ailleurs, de chaque port et établissement, lui parviennent de tels témoignages, à l'honneur des travailleurs de l'Etat.

Le camarade Picard intercède ensuite auprès du chef de Cabinet pour un camarade injustement frappé et obtient une promesse de satisfaction.

La question de la punition infligée aux camarades chauffeurs de Toulon, étant de nouveau soulevée par les camarades Berthon, Reymonenq et Frès, la délégation décide qu'elle soumettra cette question au Ministre lui-même dans une prochaine entrevue. Rendez-vous est pris pour le lendemain au Ministère, et la délégation prend congé du chef de Cabinet.

Paris, Bourse du Travail, 8 h. soir.

Le secrétaire général du Congrès,

Frès.

Deuxième Journée

VENDREDI 26 JUIN. — SÉANCE DU MATIN

Président, Chiché (Indret).

Secrétaires de séance, Eron (Toulon), Miniér (Lorient).

Lecture du procès-verbal ; rectification au procès-verbal de l'entrevue ministérielle.

Lorient rappelle qu'il a signalé au chef de Cabinet l'anomalie existante qui consiste en ce que des jeunes gens nouvellement admis, bénéficient d'avancements non justifiés au détriment de vieux ouvriers.

Indret dit qu'il a rappelé la promesse faite par le chef de Cabinet lors de son voyage à Brest où l'établissement était représenté.

Après ces rectifications, le procès-verbal est adopté à l'unanimité.

L'ordre du jour est ensuite discuté.

Toulon rappelle les décisions prises antérieurement par les précédents Congrès, de faire imprimer les travaux qu'ils ont effectués, et propose l'impression définitive des revendications et que chaque organisation s'inscrive pour un nombre déterminé d'exemplaires.

Paris propose que chaque Syndicat soit inscrit d'office pour un nombre d'exemplaires, au prorata du nombre de ses adhérents.

Cherbourg manifeste des craintes au sujet de la dépense que certaines organisations seront obligées de faire.

Enfin le Congrès se range de l'avis de plusieurs membres, qui sera de demander le prix de l'impression des divers fascicules des Congrès, avant de prendre une décision définitive au sujet de la souscription syndicataire et, à l'effet de rechercher le meilleur marché pour cette impression, il est nommé une commission composée de 4 membres qui sont, les camarades Aussel, Frès, Berthon, Mars.

Le secrétaire général du Congrès donne lecture d'une lettre émanant du Syndicat de Brest, dans laquelle sont expliqués les motifs pour lesquels ce Syndicat a refusé de se faire représenter au Congrès.

Sur la proposition de Cherbourg, il est décidé qu'un télégramme de regret sera adressé à ce Syndicat.

On aborde ensuite la question de la retraite proportionnelle pour les veuves et les orphelins des ouvriers décédés.

Cherbourg propose d'obvier aux conséquences de la pénurie budgétaire en demandant au Ministère qu'il institue une sorte de prélèvement sur le salaire journalier de chaque ouvrier pendant les 10 dernières années de service. Ce prélèvement serait d'une valeur quotidienne de 0,10 pour chaque ouvrier pour créer un crédit affecté aux retraites proportionnelles pour les veuves et pour les orphelins.

Cette proposition soulève quelques contestations des délégués de Guérigny, Rochefort, Ruelle et Indret.

Le secrétaire général du Congrès donne lecture d'un chapitre de son rapport général traitant des retraites proportionnelles. La discussion de cette revendication repose tout entière sur le système financier qui tend à démontrer que la totalité des prélèvements précédemment opérés sur les salaires ouvriers, ayant occasionné, par l'effet des mutations, une accumulation de capitaux. Cela constitue un fond inscrit sous forme de crédit qui, légalement, ne peut être aliénable et dont doivent avoir le droit de jouir, par héritage, les veuves et les enfants des ouvriers qui, avant leur décès, ont subi ces prélèvements pendant un temps déterminé ; soit après 15 ans de service.

Rochefort propose de consulter les diverses organisations au sujet de la proposition de Cherbourg et, chacun des syndicats adressera ses décisions à la Fédération qui soumettra la question au Ministre. Les deux propositions de Cherbourg et du secrétaire général du Congrès sont renvoyées à la discussion devant les Syndicats fédérés qui choisiront ou donneront leur appréciation.

Toulon donne lecture d'un télégramme des ouvriers chauffeurs du Port de Toulon, indiquant une réelle effervescence parmi ces camarades.

Le Congrès décide de porter les renseignements contenus dans la lettre explicative du Syndicat et de demander au Ministre le retrait de la punition de ces camarades.

La séance est levée à 11 h. 1/2.

Bourse du Travail, Paris.

<table>
<tr><td>Le président,</td><td>Les secrétaires,</td></tr>
<tr><td>CHICHÉ.</td><td>ERON, MINIER.</td></tr>
</table>

Deuxième Entrevue Ministérielle

26 JUIN 1903

A midi 1/2 les congressistes sont introduits au Ministère de la Marine où ils sont reçus par le citoyen Pelletan.

Le camarade Berthon formule les doléances des ouvriers chauffeurs du port de Toulon qui sont victimes des louches manœuvres de l'Administration maritime. Il donne lecture d'une lettre du Syndicat de Toulon dénonçant les propos de certains chefs qui semblent une provocation et, qu'en ce cas, la question change de forme, les ouvriers ne sont pas coupables, puisqu'ils ont été trompés.

M. le Ministre répond que les coupables seront punis; cette circulaire lui a été donnée à signer par surprise, il l'a abrogée dès qu'il en a eu connaissance. Mais quant à ce qui concerne la punition des ouvriers, il ne peut revenir sur sa décision; ce serait prononcer la propre négation de son autorité, ce à quoi il ne pourra jamais se résoudre. Cependant, il mitigera cette punition : elle sera appliquée, mais ne sera pas subie complètement.

Le camarade Reymonenq adjure le Ministre d'éviter les injustices envers les petits dont il s'est proclamé le défenseur. Il affirme que les syndicats défendront le Ministre envers et contre tous, parce que le citoyen Pelletan est la personnification du parti républicain ; mais, qu'en revanche, le citoyen Pelletan effacera cette punition imméritée, car les vrais coupables ce sont les hauts galonnés, les gens de l'entourage du Ministre, dont la plupart sont ses ennemis, tandis que les ouvriers sont, de par leur situation, les soutiens du régime actuel du Ministre républicain. Les hauts galonnés bénéficient de tous les privilèges quand ils trahissent, tandis que les ouvriers sont punis lorsqu'ils sont victimes de leurs machinations jésuitiques.

Le citoyen Pelletan le remercie des témoignages de sympathie affirmés, mais pour les raisons qu'il a exposées déjà, il ne peut revenir sur sa décision.

Le camarade Berthon lui renouvelle sa demande de retrait de la punition et lui indique le moyen de la retirer sans éclat: c'est de suspendre la punition jusqu'après les résultats d'une enquête.

Il expose la situation difficile faite à ces pères de famille par cette mise à pied qui va priver leur famille du pain quotidien.

Le Ministre répond que la punition sera annulée avant qu'il soit longtemps. Elle ne durera pas 8 jours, mais pour l'opinion publique, il faut qu'elle paraisse être infligée. Le Ministre demande ensuite aux congressistes d'être discrets sur ce sujet. Il donne ensuite quelques explications succinctes sur le futur avancement général. Le Ministre confirme les déclarations faites aux congressistes, la veille, par le chef de Cabinet. avancement qui va être effectué à bref délai.

Les délégués de Lorient remettent ensuite au Ministre plusieurs réclamations personnelles de quelques adhérents de leurs syndicats. Le Ministre leur fait une réponse favorable.

Le camarade Joubert signale à son tour la situation des ouvriers travaillant à bord des bâtiments en rade de Rochefort, éloignée de l'Arsenal de Rochefort de plus de 20 kilomètres. Ces ouvriers, do par le fait de la circulaire du 5 juin, perdent le bénéfice des dixièmes hors cloche et ils demandent le maintien de l'ancienne réglementation.

Le Ministre lui répond que cette question est tranchée de par le fait du retrait de ladite circulaire; en tout cas, il va faire le nécessaire pour faire cesser cette injustice. Avant de se séparer, le camarade Berthon demande, une fois encore au Ministre, quelle réponse il faudra faire aux camarades de Toulon.

Le Ministre répond d'espérer, que la punition ne sera pas de longue durée; c'est tout ce que l'on peut obtenir du Ministre quand les congressistes se retirent.

Paris, Bourse du Travail, le 26 juin 1903.

Le secrétaire général du Congrès,

P. Frès.

Deuxième Journée

26 juin 1903. — séance du soir

Président, Taffin (Lorient).

Secrétaires, Guyard (Ruelle); Gicquel (Lorient).

La séance est ouverte à 3 h. du soir et l'on continue la discussion de l'ordre du jour, interrompue à la précédente séance.

Cherbourg expose une motion au sujet des surveillants techniques, lesquels ont pressenti le Syndicat à l'effet d'aboutir à une union entre les ouvriers et le corps des agents techniques.

Paris, Rochefort, Toulon, Guérigny combattent cette proposition. Devant les arguments fournis par ces divers délégués, Cherbourg retire sa proposition.

Revendications pour les ouvrières de l'Ecole de Pyrotechnie et des Hôpitaux

Toulon présente les revendications particulières aux ouvrières de l'Ecole de Pyrotechnie et des Hôpitaux maritimes et les soumet à la discussion du Congrès.

L'art. 1er est combattu par Cherbourg qui propose de réduire à 4 années le stage dont la durée actuelle est de cinq ans. La proposition de Cherbourg est adoptée.

L'article 2 est adopté avec cette adjonction proposée par Cherbourg : A condition que le temps de stage compte pour la retraite.

Article 3. Adopté.

Article 4. Adopté.

L'article 5 subit une modification ainsi conçue : Aura droit à une pension de retraite de 600 fr.

Article 6. Adopté.

Article 6 bis. Repoussé à l'unanimité, sauf Toulon.

Article 7. Repoussé.

Articles 8, 9, 10 et 11. Adoptés sans observations.

Article 12. Adopté avec cette modification proposée par Cherbourg :

Une allocation de 30 cent. pour travaux dangereux sera accordée à toutes les ouvrières employées dans les écoles de Pyrotechnie, ainsi que dans les poudreries de la Marine, au même titre que les ouvriers desdites écoles. Cette allocation est fixée à 0,30 par jour.

Article 13. Adopté.

L'ensemble des revendications des ouvrières de l'Ecole de Pyrotechnie et des Hôpitaux de la Marine est adopté à l'unanimité.

Ouvriers en régie directe

Les revendications des ouvriers en régie directe, présentées par Cherbourg donnent lieu à une longue discussion à laquelle prennent part, plus ou moins vivement, tous les délégués.

Cherbourg propose de faire bénéficier les ouvriers en régie directe de tous les avantages des ouvriers immatriculés au point de vue syndical.

Rochefort est du même avis et défend énergiquement les ouvriers en régie directe qui, à Rochefort, sont de très bons syndiqués.

Lorient présente certaines observations contraires.

Toulon combat énergiquement la participation aux bénéfices des revendications générales pour les ouvriers en régie directe et propose que l'on laisse aux syndicats leur autonomie complète pour les admettre dans leur sein.

Ruelle repousse toute mesure générale pour les ouvriers en régie qui, à Ruelle, n'ont guère fait preuve de solidarité.

Devant cette opposition, Rochefort déclare faire ses réserves et s'abstenir de toute décision effective.

Cherbourg défend énergiquement les ouvriers en régie directe et propose une motion ainsi conçue :

« Le Congrès laisse les Syndicats entièrement autonomes pour admettre dans leur sein les ouvriers en régie directe.

« Il demande que les dits ouvriers, dont les Syndicats auront accepté l'adhésion au titre de membre effectif de leur organisation, seront défendus par la Fédération le cas échéant. »

La motion présentée par Cherbourg est adoptée par 13 voix contre 2 abstentions.

Ont voté pour : Cherbourg, Lorient, Toulon, Ruelle, Guérigny et Paris.

Se sont abstenus : Rochefort et Indret.

Abrogation du décret Besnard, de 1895, réglementant les relations entre les ouvriers et leurs chefs. Proposé par Cherbourg.

L'abrogation est adoptée à l'unanimité.

La séance est levée à 7 heures.

Bourse du Travail, Paris.

<table>
<tr><td>Président,</td><td>Secrétaires,</td></tr>
<tr><td>TAFFIN.</td><td>GUYARD, GICQUEL.</td></tr>
</table>

Troisième Journée

SÉANCE DU 27 JUIN 1903 (matin)

Président : JOUBERT (Rochefort).

Secrétaires de séance : ERON (Toulon), MINIÉR (Lorient).

La séance est ouverte à 8 heures du matin.

Lecture est donnée des procès-verbaux des précédentes séances.

Les procès-verbaux sont adoptés à l'unanimité.

Le camarade Berthon donne lecture de divers télégrammes du port de Toulon et consulte les congressistes sur la façon dont il devra s'expliquer devant les camarades de Toulon, car il a jugé que sa présence est nécessaire auprès d'eux pour calmer l'effervescence qui règne dans leurs rangs et pour leur donner des explications urgentes et rassurantes au sujet des punitions qui leur ont été infligées.

Le camarade Reymonenq propose aux membres du Congrès d'indiquer, au camarade Berthon, la marche qu'il devra suivre à Toulon devant les membres du Syndicat. Il propose en même temps d'établir un mandat pour régulariser sa situation auprès du Congrès, et de lui enjoindre de revenir assister aux séances où sa présence est nécessaire pour traiter de diverses questions essentielles.

La proposition du camarade Reymonenq est adoptée à l'unanimité.

Le secrétaire général du Congrès donne lecture d'un ordre du jour qu'il vient d'élaborer.

L'ordre du jour est ainsi conçu :

ORDRE DU JOUR

Devant l'attitude équivoque des autorités maritimes et de certains officiers du génie maritime de Toulon qui, malgré la promesse formelle du Ministre de la Marine faite au citoyen Ferrero, d'abroger la circulaire du 5 juin 1903, concernan s ouvriers chauffeurs et mécaniciens allant aux essais à la mer, ont prétendu par les moyens de la presse à leur solde, que la déclaration écrite du citoyen Ferrero n'était qu'une mystification et démentait de cette façon la déclaration ministérielle. Le Congrès, réuni à la Bourse du Travail, le 27 juin, au matin, vote un ordre du jour de blâme sévère contre ces chefs qui abusent ainsi de leur autorité, pour jeter la perturbation dans les rangs des travailleurs de la Marine, en les obligeant de subir les conséquences d'une circulaire dont l'abrogation a été promise et en les incitant à l'indiscipline par des provocations déguisées.

Le Congrès invite M. le Ministre de la Marine à rechercher les responsables véritables d'un tel état de choses et à faire justice des coupables si haut placés soient-ils.

L'ordre du jour mis aux voix est adopté à l'unanimité.

L'affichage dans chaque région syndicale en est aussi adopté.

Le Congrès décide d'interrompre ses travaux et de demander une entrevue au Ministre, pendant laquelle sera exigé le retrait des punitions infligées aux chauffeurs.

Le Congrès se déclare ensuite en permanence pour être prêt à toute éventualité.

La séance est suspendue.

<table>
<tr><td>Le président,</td><td>Les secrétaires,</td></tr>
<tr><td>JOUBERT.</td><td>ERON, MINIER.</td></tr>
</table>

Troisième Entrevue Ministérielle

27 JUIN 1903. — SOIR

À 1 h. 1/2, une délégation des congressistes se rend au Ministère de la Marine accompagnée du citoyen Ferrero afin d'obtenir le retrait officiel de la circulaire du 5 juin relative aux ouvriers chauffeurs et mécaniciens travaillant aux essais à la mer.

La délégation est introduite auprès de M. Tissier,

chef d. Cabinet de M. le Ministre de la Marine. Le Secrétaire général explique à M. Tissier que les camarades de Toulon sont de plus en plus excités par l'obstination que l'on semble mettre à ne pas vouloir afficher la circulaire abrogeant celle du 5 juin. Il l'enjoint de faire cesser au plus tôt cet état de choses aussi préjudiciable aux ouvriers qu'au Ministre et que l'intérêt de chacun est de faire cesser tous ces incidents.

M. Tissier, très étonné d'apprendre que les instructions ministérielles n'étaient pas observées, se dirige en toute hâte vers le téléphone où il invective un employé des bureaux du ministère d'une façon très vive. On entend distinctement qu'il lui enjoint d'avoir à obéir, et peu après M. Tissier revient en remettant plusieurs copies de la circulaire d'abrogation qu'il vient ordonner d'imprimer.

Le Secrétaire général insiste pour lui signaler les véritables coupables qui sont l'ingénieur Renault et le vice-amiral Bienaimé, dont les intrigues ont failli mettre en échec le Ministre de la Marine, et à deux doigts de leur perte les syndicats.

Le chef de Cabinet assure que ces chefs seront punis.

Sur la demande du Secrétaire général, d'effacer la punition des ouvriers chauffeurs qui ne se sont rendus répréhensibles que parce qu'ils avaient été trompés, et malgré une vive insistance, le chef de Cabinet répond qu'il est obligé de punir les ouvriers pour ne pas amoindrir le principe d'autorité devant l'opinion publique et qu'il ne peut être qu'inflexible.

Malgré cette réponse, les congressistes, forts de la promesse ministérielle, donnée la veille, d'abréger la durée de cette punition, et sur l'invitation du citoyen Ferrero, n'insistent pas.

Ils se promettent, d'ailleurs, de rappeler très prochainement, au Ministre, sa promesse, d'une façon tout à fait énergique.

Le camarade Aussel appuie, pendant tout le cours de l'entretien, le Secrétaire général, dans sa discussion ainsi que tous les membres de la délégation.

Avant de quitter M. le chef de Cabinet, le camarade Joubert obtient de M. Tissier l'affirmation que la circulaire du 5 juin est d'application générale et doit être appliquée dans tous les arsenaux.

La délégation, jugeant sa mission accomplie, prend congé du chef de Cabinet à 2 h. 1/2 du soir.

Bourse du Travail, Paris, le 27 juin 1903.

Le secrétaire général du Congrès,

P. FRÈS.

Troisième Journée

27 JUIN 1903. — SÉANCE DU SOIR

Président, PICARD (Ruelle);

Secrétaires de séance, GUYARD (Ruelle) ; GICQUEL (Cherbourg).

La séance est ouverte à 2 h. de l'après-midi.

Il est procédé à la nomination d'une délégation chargée d'aller renouveler au Ministre les protestations des ouvriers chauffeurs du Port de Toulon.

Sont nommés pour faire partie de ladite délégation, les camarades Frès, Mars, Chiché, Joubert, Guyard, Taffin et Aussel.

La séance est suspendue jusqu'au retour de la délégation, elle est reprise à 3 h. 1/2.

On entreprend la discussion de l'ordre du jour.

Proposition Rochefort concernant les ouvriers travaillant en rade.

Le délégué du Syndicat de Rochefort expose les motifs qui suscitent cette revendication. La rade de Rochefort est distante de l'Arsenal d'environ 30 kilomètres, ce qui oblige les ouvriers à se rendre à leur travail 4 ou 5 heures avant l'heure réglementaire, et qui les contraint à prendre domicile à bord. Le bénéfice de ces heures supplémentaires a été supprimé par le directeur des Constructions Navales en se basant sur les commentaires des décrets de 1900 et sur la circulaire du 5 juin.

Le rétablissement de l'ancienne réglementation à ce sujet est adopté.

L'article 8 est ajourné. L'article 9, comprenant la suppression du périmètre est adopté avec l'adjonction suivante, présentée par Cherbourg. En attendant cette suppression, la réglementation sera révisée dans le sens de la réglementation dont bénéficient les établissements ou arsenaux maritimes les plus favorisés sous ce rapport.

Article 11. Légalisation de la journée de huit heures. Cette légalisation, demandée par tous les Syndicats pour rendre définitive cette réforme, est adoptée à l'unanimité.

Article 13. Les retraites accordées au personnel ouvrier seront élevées au taux de 1000 fr. pour les ouvriers, et 1.100 fr. pour les chefs ouvriers.

Art. 14. Suppression des travaux à la tâche. L'accord ayant été fait sur cette question, la suppression est adoptée à l'unanimité après quelques explications du délégué de Guérigny. Ces explications démontrent les conséquences désastreuses du travail à la tâche qui développe l'égoïsme chez les individus qui y sont assujettis.

Art. 15. Un service médical et pharmaceutique gratuit sera institué pour les ouvriers de la Marine.
(Adopté).

Article 16. Une indemnité journalière sera payée les jours ouvrables, dimanches et jours fériés, aux ouvriers dépendant du département de la Marine, travaillant à Paris. (Adopté).

Article 17. Les ouvriers en régie de l'Etablissement de Ruelle et du Laboratoire Central de la Marine seront titularisés et jouiront des bénéfices qu'accorde cette titularisation à tous les ouvriers de ces établissements.

Cette motion est adoptée malgré que des restrictions aient été présentées par une catégorie d'ouvriers similaires, parce que ces ouvriers en régie sont tous d'anciens ouvriers ayant à leur actif parfois plus de 20 ans de service, et atteignant l'âge de 60 ans. De par ce fait, cette titularisation constitue un droit.

Article 18. Les ouvriers manœuvres ayant accompli des essais d'ouvriers spécialistes satisfaisants, seront classés, dans le plus bref délai, dans la catégorie pour laquelle ils ont effectué un essai. (Adopté).

Article 19. Les Commissions des avancements seront revisées dans le sens ainsi établi : 1 surveillant technique, 2 chefs ouvriers et 3 ouvriers. (Adopté).

Cette modification est adoptée, sous forme de vœu, ainsi conçu. Vœu faisant suite à l'article 19 :

Le Congrès maintient momentanément les Commissions d'avancement et émet le vœu que ces Commissions soient composées de trois ouvriers, deux chefs ouvriers et un surveillant technique. Les ouvriers chargés de faire partie de ces Commissions seront choisis par leurs camarades d'atelier, et demandé en outre, que le travail des Commissions soit porté à la connaissance du personnel en attendant la réorganisation réclamée par les travailleurs des arsenaux et établissements de la Marine, dans les Congrès précédents.

Article 20. Les retraites seront accordées après 25 ans de service, sans limite d'âge. (Adopté).

Article 21. Les indemnités de séjour pour les ouvriers de la Marine, travaillant à Paris, seront unifiées aux taux existant pour les ouvriers de spécialités et seront payées à ces taux à toutes les catégories d'ouvriers spécialistes et manœuvres. (Adopté).

Article 22. Fractionnement par moitié des dixièmes d'absence afin de limiter les pertes de salaires pour absence ou permission, des personnels ouvriers de la Marine. (Adopté).

Article 23. Suppression des médailles dites médailles de travail, qui ne sont qu'une sorte d'encouragement à la vanité et à la servilité. (Adopté).

Article 24. Les apprentis ayant atteint l'âge et en possédant les capacités seront nommés de droit aides ouvriers. (Adopté).

Article 25. Vœu tendant à créer un poste de pharmacien diplômé pour tous les établissements maritimes hors des ports ne possédant pas d'hôpital. (Adopté).

Article 26. Seront compris dans les travaux pénibles et dangereux les professions d'ouvriers travaillant devant les fours, fondeurs de métaux, charniers et cintreurs de cornières; ils recevront l'allocation spécifiée dans les tarifs attribués aux travaux pénibles et dangereux. (Adopté).

Paris, 27 juin. Bourse du Travail, 7 h. du soir.

Le président,   *Les secrétaires,*

PICARD.   GUYARD, GICQUEL.

———————

Quatrième Journée

28 JUIN 1903. — SÉANCE DU DIMANCHE

Président Aussel (Laboratoire Central, Paris).

La séance est ouverte à 8 heures au matin.

L'ordre du jour est repris.

Le délégué de Guérigny donne lecture d'une lettre annonçant que les surveillants techniques de Guérigny vont envoyer des délégués à Paris dans le but de rechercher l'union avec les ouvriers.

La démarche des surveillants techniques rencontre une indifférence générale parmi les congressistes.

Le Congrès repousse l'établissement d'un privilège de permission à accorder aux jeunes gens allant subir les obligations du tirage au sort.

Le Congrès aborde la discussion des articles du programme commun présenté par l'Union Fédérative.

Art. 1er Application de la journée de huit heures au maximum à tous les travailleurs de l'Etat, sans aucune diminution de salaire journalier. (Adopté).

Art. 2. Minimum de salaire correspondant aux besoins de la vie. (Adopté).

Art. 3. Suppression du travail à la tâche et aux pièces. (Adopté).

Art. 4. Congé annuel de 15 jours avec solde. (Rejeté à l'unanimité, moins Ruelle).

Art. 5. Titularisation des personnels ouvriers. (Adopté).

Art. 6. Retraite égale à la 1/2 journée de salaire. (Repoussé).

On présentera l'article de notre programme comprenant l'établissement des retraites au taux de 1000 fr. pour les ouvriers et 1.100 fr. pour les chefs ouvriers.

Art. 7. Retraite proportionnelle et facultative pour

les ouvriers, après 15 ans de service, et reversible aux veuves et aux orphelins des ouvriers décédés. (Adopté).

Art. 8. Réglementation générale pour les maladies et accidents du travail. (Les revendications de la Marine seront présentées au Congrès de l'Union Fédérative).

Art. 9. Service médical et pharmaceutique gratuit. (Adopté).

Art. 10. Abrogation de la loi du 18 mars 1889 concernant les emplois à accorder aux anciens sous-officiers. (Adopté).

Art. 11. Exclusion absolue de la main-d'œuvre militaire dans les ateliers nationaux. (Adopté).

Art. 12. Répartition en cas de chômage ou de licenciement de tous les ouvriers chômeurs ou licenciés, entre tous les établissements de l'Etat les plus à proximité de la localité des ouvriers atteints et selon leur profession, sans aucune diminution dans leur salaire ni aucune modification dans leur situation envers l'Etat. (Adopté).

Ruelle émet le vœu à transmettre à l'Union Fédérative, tendant à demander la constitution d'un ministère du travail.

Ce vœu est adopté après une longue discussion par 12 voix contre 3 abstentions qui sont, Lorient, 2 voix, et Rochefort, 1.

Le Congrès adopte ensuite que la gérance des bureaux de tabacs ne se fera, dorénavant, que sous forme adjudicataire et les bénéfices qui résulteront de ce nouveau mode d'allocation, retourneront en totalité dans les caisses de l'Etat pour être affectés à l'amélioration des retraites existantes des ouvriers de l'Etat et à l'Institution de retraites ouvrières pour tous les ouvriers de l'Industrie.

Les Travailleurs de la Marine décident de proposer au Congrès général des Travailleurs de l'Etat le vote par organisation syndicale et, en cas de non adoption, on acceptera le vote par Fédération après concertation préalable entre les organisations fédérées.

En prévision des événements qui pourraient se produire à Toulon pour la question des ouvriers chauffeurs et mécaniciens allant aux essais à la mer, le Congrès adopte un tour de roulement pour constituer l'état de permanence qu'il a adopté la veille.

L'ordre est ainsi établi :

De midi à 2 heures, GUYARD (Ruelle).
De 2 h. à 4 h., REYMONENQ (Toulon).
De 4 h. à 6 h., CHICHÉ (Indret).
De 6 h. à 8 h., JOUBERT (Rochefort).

Paris, Bourse du Travail, 2 heures soir.

Le président,
AUSSEL.

Les secrétaires,
JOUBERT, CHICHÉ.

Cinquième Journée

29 JUIN 1903 (SÉANCE DU MATIN)

Président : REYMONENQ (Toulon).

Secrétaires de séance : MINIER (Lorient) et ERON (Toulon).

Ouverture de la séance à 8 h. ½ du matin.

L'ordre du jour appelle en discussion les événements suscités par les autorités maritimes de Toulon. (Lecture des dépêches du camarade Berthon, invitant le Congrès à demander une entrevue au Ministre).

Le camarade Aussel (Paris) propose de convoquer d'urgence le Groupe des Députés des Ports pour faire cesser, une fois pour toutes, ces déplorables incidents.

De l'avis unanime du Congrès, cet incident a trop duré, et qu'une solution s'impose. Dans ce but, le Congrès adopte l'ordre du jour suivant :

« Le Congrès, en vue des incidents qui agitent le port
« de Toulon et qui menacent de prendre des propor-
« tions plus développées, déclare qu'il y a lieu de con-
« voquer d'urgence le Groupe des Députés des Ports
« pour 4 heures après-midi sans exception, pour ten-
« ter ensemble avec les ouvriers une démarche auprès

« du Ministre, qu'il fasse enfin cesser, par des ordres
« aux autorités maritimes, cette situation qui n'a que
« trop duré et qui, selon le désir de ces autorités, amè-
« nerait un conflit entre ouvriers et ministère. »

Cette situation cesserait par le retrait de la punition
infligée.

Toulon propose d'ajouter le mot immérité après le
mot punition.

Cherbourg manifeste des craintes au sujet de l'intro-
duction de ce mot qui lui semble un manquement à la
parole donnée.

Toulon fait observer que l'injustice de cette punition
n'a jamais été contestée ; donc, nous n'avions pu donner notre parole sur ce point ; qu'en tous cas, si le mot
immérité n'était pas introduit dans l'ordre du jour, il
voterait contre cet ordre du jour qui semblerait plutôt
une prière qu'une réclamation de justice, et qu'il ne
peut désapprouver le Syndicat protestataire.

L'adjonction du mot immérité n'est pas adoptée.

L'ordre du jour mis aux voix est adopté par 12 oui
contre 3 non. Le port qui a voté contre est Toulon.

Les camardes Aussel et Eron sont délégués par le Congrès pour aller convoquer de vive voix les membres du
Groupe des Députés des Ports.

Le Congrès de la Marine décide d'interrompre ses
travaux fédéraux pour aller prendre part aux débats du
Congrès des Travailleurs de l'Etat.

Paris, Bourse du Travail, 9 heures du matin.

Les secrétaires de séance,

GUYARD, GIQUEL.

Sixième Journée

SÉANCE DU 30 JUIN (matin)

Président : DUPONT (Cherbourg).

Secrétaires de séance : ERON (Toulon) et MINIER (Lorient).

La séance est ouverte à 8 heures du matin.

Le délégué de Paris, ayant reçu mission du Congrès pour aller convoquer de vive voix les membres du Groupe des Députés des Ports, déclare qu'il n'a rencontré que le citoyen Deville, député de Paris, qui s'est récusé, pour cause d'incompétence dans l'administration maritime, et le citoyen Ferrero, député de Toulon, qui se tiendra à la disposition des congressistes.

Toulon propose de convoquer les députés des ports d'une manière catégorique le 1er juillet, à 10 heures du matin.

Indret rappelle que M. Tissier a promis de convoquer les députés des ports et les congressistes pour s'entendre sur la répartition des avancements.

Ruelle propose de convoquer les sénateurs.

Le Congrès décide de prévenir les députés par télégramme.

On entreprend la discussion de l'ordre du jour qui comporte les revendications des dessinateurs non organisés.

Rochefort déclare qu'il a reçu mandat de défendre les revendications des dessinateurs non organisés qui, en leur qualité d'adhérents au Syndicat de Rochefort, ont droit à la solidarité de tous les autres syndiqués.

Toulon rappelle que les statuts de la Fédération comportent que les ouvriers syndiqués conservent tous leurs titres et droits de syndiqués, avec restriction toutefois, lorsqu'ils passent surveillants techniques, les dessinateurs non organisés syndiqués se trouvent placés dans le même cas. Ils doivent donc bénéficier des mêmes privilèges, nous n'avons pas le droit de le leur refuser.

Ruelle rappelle que les Congrès précédents ont pris

les revendications des dessinateurs non organisés en considération. On ne peut donc pas se déjuger.

Toulon, Rochefort et Ruelle ajoutent que la profession de dessinateur exige des aptitudes sérieuses pour les exercer, que, de plus, la majorité des ouvriers dessinateurs a réellement fait preuve de bons sentiments, en se solidarisant avec les ouvriers des autres professions, et qu'enfin en excluant les ouvriers dessinateurs des bénéfices qu'ils réclament dans leurs revendications, c'est faire le jeu des écoles des Arts et Métiers, aux fils de bourgeois, et aux seconds maîtres de la flotte, qui représentent eux l'élément militariste. Donc, en repoussant ces revendications, nous allons à l'encontre du but auquel nos efforts semblent tendre.

Cherbourg se déclare opposé à l'acceptation de ces revendications, car nous ne devons pas demander que l'on crée des situations spéciales à des ouvriers qui cesseront d'appartenir à nos organisations lorsqu'ils auront obtenu satisfaction et que les précédentes réorganisations opérées démontrent que, malgré toutes les vaines démonstrations d'équité dont on a berné jusqu'ici les travailleurs, c'est toujours sur l'argent de leurs propres salaires que l'on prend les crédits pour opérer ces réorganisations que l'on affirmait auparavant ne pas devoir coûter un sou.

Toulon constate que la situation des dessinateurs est bien malheureuse, car aucun chef ne veut les reconnaître pour les faire participer aux avancements annuels et que d'ailleurs leurs revendications sont bien modestes.

Indret déclare qu'il combattra avec acharnement les revendications des dessinateurs non organisés, car à Indret ils ont constitué des syndicats jaunes qui ont combattu à outrance les syndicats d'ouvriers professionnels.

Cherbourg propose la motion suivante, pour être adressée au ministre : Les ouvriers dessinateurs non organisés seront introduits au fur et à mesure des vacances dans les cadres des corps entretenus de dessinateurs, mais il ne sera détourné aucune somme pour opérer cette réorganisation tant que la masse des producteurs de la Marine n'aura pas bénéficié des avancements généraux réclamés.

Lorient constate que les dessinateurs affichent une réelle morgue envers leurs camarades des spécialités et s'oppose à toute adoption de leurs revendications.

Toulon demande que l'on se prononce sur les revendications des ouvriers dessinateurs non organisés.

On procède au vote, par appel nominal, de la proposition de Toulon qui est de savoir si oui ou non l'on doit prendre en considération les revendication des dessinateurs non organisés.

	OUI	NON
Toulon........................	4	»
Lorient........................	»	2
Cherbourg........................	»	3
Rochefort........................	1	»
Indret........................	»	1
Guérigny........................	»	1
Ruelle........................	2	»
Paris........................	»	1
	7	8

Par 7 voix contre 8 voix les revendications des dessinateurs non organisés sont rejetées.

Cherbourg renouvelle sa proposition sous forme de vœu, ainsi conçue :

« Considérant que par suite du classement des dessinateurs certains ouvriers dessinateurs ont été lésés du fait de leur non classement, émet le vœu qu'une sixième classe des dessinateurs soit créée, sous la réserve expresse que le relèvement général des salaires soit tout d'abord accompli et qu'aucune somme pouvant servir à cette réforme ne soit détournée de sa destination pour l'organisation des catégories spéciales.

Il est procédé au vote, par appel nominal, sur la proposition de Cherbourg.

	OUI	NON
Toulon........................	4	»
Lorient........................	1	1
Cherboug........................	3	»
Rochefort........................	1	»
Indret........................	»	1
Guérigny........................	1	»
Ruelle........................	2	»
Paris........................	1	»
	13	2

Par 13 voix contre 2 voix la proposition de Cherbourg est adoptée.

Le Congrès de la Marine lève ensuite la séance pour aller prendre part aux débats du Congrès des travailleurs de l'Etat.

Paris, Bourse du Travail, 9 heures du matin.

Le président,

DUPONT.

Les secrétaires,

ERON et MINIER.

Sixième Journée

30 JUIN. — SÉANCE DU SOIR (5 h.)

Quatrième Entrevue Ministérielle

Le Congrès général des travailleurs de l'Etat ayant décidé, dans sa séance du 29 juin 1903, que chaque délégation envoyée auprès des pouvoirs publics comprendrait dans son sein un représentant de chaque organisation de l'Etat.

La délégation devant se rendre auprès du Ministre de la Marine afin de tacher d'obtenir le retrait de la punition aux ouvriers chauffeurs du port de Toulon, composée d'un membre de chaque organisation appartenant à l'Union fédérative, a été reçue à 5 heures par M. le Ministre qui, dès l'abord, lui déclara l'impossibilité de donner satisfaction dans laquelle l'avait mis un prétendu ultimatum que le syndicat de Toulon a fait insérer dans la presse ; il montre sa situation difficile auprès des pouvoirs publics et déclare que malgré sa bonne volonté il n'a pas le droit de se soumettre aux injonctions ouvrières.

Le camarade Berthon lui démontre toute l'injustice de la punition qui a pu irriter ces camarades, mais il dément qu'un ultimatum ait été décidé dans la dernière réunion, à laquelle il assistait. Les syndiqués n'en veulent pas à Pelletan, que l'on trompe, bien au contraire, et c'est pour cela que le ministre retirera la punition.

Le ministre renouvelle ses déclarations précédentes et le secrétaire général du Congrès lui déclare qu'aucun ordre du jour n'a été pris envers lui ; le Congrès a adopté un ordre du jour de blâme envers les autorités maritimes toulonnaises pour dégager la responsabilité ministérielle.

Le Ministre maintient que l'on a voté contre lui un ultimatum que la presse a reproduit et qu'il ne peut tolérer que des ouvriers s'insurgent contre l'autorité ; il est salarié de l'Etat lui aussi et salarié responsable il doit donc être inflexible devant de pareils actes ; le retrait seul de cet ultimatum pourra le faire revenir sur sa décision.

Le camarade Reymonenq fait ressortir que tout ceci n'est qu'un nouveau malentendu dont on veut faire retomber les conséquences sur les ouvriers ; il espère que le Ministre n'y ajoutera pas foi et qu'il fera cesser la punition.

Le Ministre répond qu'il n'enlèvera pas la punition tant qu'un démenti du syndicat de Toulon à la presse ne viendra confirmer les dires des congressistes.

Les camarades Picard et Aussel veulent, à leur tour, intercéder, mais le Ministre demeure inflexible et après une dernière tentative inutile du camarade Berthon, la délégation prend congé du Ministre afin d'aller télégraphier la réponse au syndicat de Toulon.

Paris, Bourse du Travail, 6 heures du soir.

Le secrétaire général du Congrès,

FRÈS.

Septième Journée

1er JUILLET 1903. — (séance du matin)

Président : RICROCH (Guérigny).

La séance est ouverte à 7 h. ½.

L'ordre du jour appelle en discussion l'adhésion de la Fédération des Travailleurs réunis de la Marine à la Confédération générale du Travail.

Paris n'est pas d'avis d'adhérer à la Confédération générale du Travail parce que l'éducation économique du Syndicat n'est pas assez complète pour pouvoir traiter les questions générales qu'a coutume de traiter l'organisation des travailleurs de l'industrie.

Toulon présente ses observations en rappelant que le principe de l'adhésion a été adopté lors du précédent Congrès, qu'il s'agit enfin de savoir si nous devons rendre effective notre solidarité envers nos camarades de l'industrie.

Cherbourg signale que la situation des travailleurs de la Marine est tout à fait étrangère à celle des ouvriers de l'industrie, la formule revendicatrice adoptée par la Confédération générale du Travail est inacceptable pour les ouvriers dépendant de l'Etat-patron ; il demande à ce que chaque Syndicat conserve son entière autonomie dans la Fédération de la Marine, quelle que soit la décision qui sera adoptée.

Cherbourg soulève de nouvelles et nombreuses objections contre l'adhésion provenant de la différence fondamentale des travailleurs de la Marine et de l'Etat.

Toulon répond à ces objections et démontre que la distance qui sépare l'ouvrier de l'industrie de l'ouvrier de l'Etat n'existe pas et que notre devoir est d'être avant tout solidaires.

Rochefort appuie énergiquement les déclarations du délégué de Toulon et demande que l'on procède au vote, que chacun s'inclinera devant les décisions de la majorité, quelle qu'elle soit, comme le firent au cours du précédent Congrès, les Syndicats favorables à l'adhésion.

Lorient demande que les obligations découlant de

l'adhésion à la Confédération lui soient bien expliquées, ainsi que l'utilité de l'Union fédérative de laquelle il déclare être décidé à se séparer.

Il lui est répondu que l'Union fédérative a une utilité indéniable que le Congrès ne doit même pas discuter.

Cherbourg insiste pour que chaque Syndicat conserve son entière autonomie dans la question de l'adhésion et demande qu'on la mette aux voix.

La proposition de Cherbourg, sur le fait de laisser toute leur autonomie à chaque Syndicat, est mise aux voix par appel nominal.

	POUR	CONTRE
	L'AUTONOMIE	
Toulon	»	4
Cherbourg	3	»
Lorient	»	2
Rochefort	»	1
Ruelle	»	2
Indret	»	1
Guérigny	»	1
Paris	1	»
	4	11

Pour l'autonomie, 4 voix ; contre, 11. En conséquence, la proposition de Cherbourg n'est pas adoptée.

Toulon et Rochefort demandent que l'on procède au vote de la question de l'adhésion de la Fédération des Travailleurs réunis de la Marine.

Après une vive discussion entre Cherbourg, Toulon, Rochefort, Indret et Guérigny, l'on procède au vote de la proposition Rochefort-Toulon. Le vote a lieu de nouveau par appel nominal.

	POUR	CONTRE
	L'ADHÉSION	
Ruelle	»	»
Toulon	4	»
Cherbourg	»	3
Lorient	2	»
Rochefort	1	»
Indret	1	»
Ruelle	2	»
Guérigny	1	»
Paris	Abst.	
	11	3 et 1 abst

Pour l'adhésion, 11 voix ; contre, 3 ; abstention, 1. En conséquence, la proposition de Rochefort-Toulon est adoptée.

La Fédération des Travailleurs réunis de la Marine devra donc adhérer à la Confédération générale du Travail.

La séance est interrompue pour aller assister à la nomination des délégations au Congrès général des Travailleurs de l'Etat.

Paris, Bourse du Travail, 9 heures du matin.

Le président,
Ricroch.
Les secrétaires,
Eron, Minier.

Septième Journée

REPRISE DE LA SÉANCE DU 1er JUILLET 1903 (MATIN)

Président : Ricroch (Guérigny).

Secrétaires de séance : Eron (Toulon) ; Minier (Lorient).

La séance est reprise à 10 heures du matin.

Le Congrès consigne les absences des camarades Dupont et Minier, qui ont été délégués par le Congrès des travailleurs de l'Etat pour faire partie des Commissions qui se rendront à la présidence du Conseil et au Ministère de la guerre. Le camarade Gicquel, délégué à la commission de la Marine, est présent à la séance.

L'ordre du jour appelle en discussion le cahier des revendications des gardiens de bureaux, présenté par Toulon.

Toulon donne lecture du cahier des revendications des gardiens de bureaux.

Cherbourg fait remarquer que l'on ne nomme plus de gardiens titulaires ; les postes de gardiens de bureaux sont depuis quelque temps recrutés parmi les retraités. Ce fait constitue une injustice flagrante contre laquelle nous devons nous élever.

Toulon demande que les emplois soient répartis aux ouvriers blessés non retraités qui ne peuvent plus exercer leur profession. Ils devront bénéficier des mêmes avantages concédés au personnel ouvrier.

La motion ainsi présentée est mise aux voix. Elle est adoptée à l'unanimité.

Le Congrès décide ensuite de demander que les gardiens de bureaux soient organisés conformément aux décrets régissant le personnel ouvrier.

Un ordre du jour dans ce sens est présenté par Toulon. Cet ordre du jour est ainsi conçu :

« Gardiens de bureaux,

« Après avoir pris connaissance des revendications des gardiens de bureaux présentées par le port de Toulon, le Congrès décide de demander à M. le Ministre de la Marine de bien vouloir organiser ces serviteurs sur les mêmes bases que le personnel ouvrier des arsenaux, sous la dénomination d'une nouvelle catégorie appelée : gardiens de bureaux. Avec jouissance des mêmes avantages que le personnel ouvrier régi par les décrets des 21 juin et 2 octobre 1900 et 12 avril 1902 et de ne recruter ce personnel que parmi les ouvriers dont la situation physique les met dans l'impossibilité de donner à l'État tout le rendement voulu.

« 2° Ne pourront entrer dans la catégorie des gardiens de bureaux les ouvriers ni les employés retraités au titre civil ou militaire. »

Cet ordre du jour est adopté à l'unanimité.

Paris dépose deux rapports pour être aussi soumis à l'appréciation de M. le Ministre.

Cherbourg donne lecture des rapports qu'il propose de remettre à M. le Ministre ; ces rapports sont adoptés après lecture.

Il est proposé un ordre du jour pour appuyer ces rapports qui ont trait aux écrivains techniques.

ORDRE DU JOUR :

« Le Congrès, après lecture d'un rapport des chefs ouvriers et ouvriers employés aux écritures du port de Cherbourg, traitant les syndicats de cette catégorie d'ouvriers des syndiqués jaunes et principalement ceux de Ruelle, organisateurs de ces sortes de syndicats, décide de soumettre, avec avis favorable, le présent rapport à M. le Ministre de la Marine en le priant d'y donner une suite favorable;les revendications de ces travailleurs étant conformes à la décision prise au dernier Congrès de novembre 1902 n'étant que l'expression textuelle des paroles prononcées à ce sujet à Toulon par M. le Ministre, lors de son dernier passage dans ce port.

Cet ordre du jour est adopté à l'unanimité.

La séance est levée afin de pouvoir se rendre auprès du Ministre de la Marine afin de pouvoir défendre les camarades chauffeurs de Toulon.

Paris, Bourse du Travail, 11 h. du matin.

Le président,
RICROCH.

Les secrétaires,
ERON, MINIER.

Cinquième Entrevue Ministérielle

1er JUILLET. — 1 H. SOIR.

Le Congrès, accompagné des citoyens Guieysse, député de Lorient, Braud, député de Rochéfort, Ferrero, député de Toulon, sont reçus par le Ministre de la Marine. Le camarade Berthon lui remet un télégramme émanant du Syndicat de Toulon, dégageant la responsabilité ministérielle des incidents qui se sont produits dans ce port.

Le Ministre se déclare satisfait de ce témoignage de confiance et affirme que, dès l'instant, il va télégraphier à Toulon la cessation de la punition qu'il a infligée aux camarades chauffeurs.

Les délégués en prennent acte et le préviennent qu'ils vont avertir leurs camarades de la décision bienveillante du Ministre de la Marine.

Le Secrétaire général du Congrès invite le Ministre à ne pas attendre de faire parvenir ses décisions et de donner des ordres énergiques et catégoriques à cet effet, car, malgré les instances renouvelées du Congrès et malgré des affirmations décisives, la circulaire indiquant le retrait de la circulaire du 5 juin n'a pas même été affichée, et l'on peut craindre que les décisions ministérielles soient considérées par les subordonnés comme sans importance. Il cite le cas du port de Rochefort où les ordres ministériels n'ont pas été respectés, il semble en être de même pour le port de Toulon, malgré les vifs incidents qui s'y sont produits.

Le camarade Joubert explique la situation des ouvriers de Rochefort et lui fait constater qu'ils sont lésés arbitrairement par cette circulaire et par les commentaires du décret de 1900. M. Braud, député, appuie les déclarations du camarade Joubert.

Le Ministre les assure que la situation de Rochefort va être régularisée immédiatement.

Enfin, pressé par le camarade Berthon et le Secrétaire général du Congrès. le Ministre autorise le député et les délégués de Toulon à prévenir les ouvriers punis qu'ils pourront reprendre les travaux à partir de jeudi 2 juillet.

Le camarade Reymonenq remercie et félicite le Ministre pour son acte de bienveillance. Et les congressistes se retirent.

Paris, Bourse du Travail, 1er juillet, 2 h. du soir.

Le Secrétaire général du Congrès,
P. FRÈS.

Huitième Journée

2 JUILLET. — SÉANCE DU MATIN

Président : Cluché (Indret).

Secrétaires de séance : Eron (Toulon); Minier (Lorient).

La séance est ouverte à 7 h. du matin. Le Secrétaire général donne lecture des procès-verbaux des précédentes séances et délégation.

Après rectification opérée sur place, les procès-verbaux sont adoptés.

Il est décidé que le vin d'honneur à offrir au Laboratoire aura lieu demain vendredi soir.

Cherbourg reprend la question de la Confédération Générale du Travail concernant les cotisations, question qui menaçait la vitalité du Syndicat de Cherbourg si elle n'était tranchée. dans le sens présenté par les délégués. Nos intérêts étant tous différents de ceux recherchés par la Confédération Générale, on ne pouvait exiger le versement de cotisations qu'ils n'approuvent pas.

Lorient réplique qu'il en pense de même à l'égard de l'Union Fédérative dont il a reçu mandat de se retirer.

Rochefort déclare qu'il se retirera lui aussi de l'Union Fédérative si les cotisations ne sont pas portées à un taux plus raisonnable.

La discussion se généralisant, on décide de la renvoyer à une séance ultérieure pour être définitivement résolue.

On reprend la discussion de l'ordre du jour qui comporte l'avancement général.

Toulon signale un côté inédit de la question des avancements qui démontrerait l'ardent désir qu'éprouve le Ministre de la Marine de réaliser cette réforme.

Après une discussion très longue sur la moyenne des ports (Rochefort et Lorient) sur les décisions prises dans les précédents Congrès (Toulon, Paris et Ruelle), et sur la question d'un avancement égal dans la répartition (Toulon, Rochefort. Ruelle et Guérigny), le Congrès émet le vœu de principe que :

Dans un laps de temps catégoriquement désigné et très court, on réalise l'unification des moyennes des salaires dans tous les Ports et Etablissements de la Marine de l'Etat.

Le Congrès lève la séance pour aller assister aux séances du Congrès général des Travailleurs de l'Etat.

Paris, Bourse du Travail, 10 h. matin.

<table>
<tr><td>Le Président,</td><td>Les Secrétaires,</td></tr>
<tr><td>CHICHÉ.</td><td>ERON, MINIER.</td></tr>
</table>

Huitième Journée

SÉANCE DU 2 JUILLET 1903. — SOIR

Président : TAFFIN (Lorient).

Secrétaires de séance : GICQUEL (Cherbourg); GUYARD (Ruelle).

La séance est ouverte à 2 h. 30.

Lecture est donnée du procès-verbal de la précédente séance.

Il est adopté à l'unanimité.

Le Secrétaire général donne ensuite lecture du rapport qu'il a établi au sujet des avancements du mode de répartition que l'on désire voir entreprendre par le Ministre.

Cherbourg soulève quelques objections, mais devant les explications du secrétaire général, il se déclare satisfait. Le rapport mis aux voix est donc adopté.

On aborde ensuite la discussion des articles de revendication.

L'article 1er est adopté.

L'article 2 est adopté avec la modification apportée lors du précédent Congrès. (Les commissions d'admission fixeront elles-mêmes le chiffre de la solde de chacun des postulants sur la liste d'essai et cette décision deviendra irrévocable, l'affichage sera fait dans les ateliers respectifs aux candidats.

Les articles 3, 4 et 5 sont maintenus.

L'article 6 modifié est adopté au deuxième alinéa ainsi conçu : Les apprentis seront recrutés : 1° parmi les fils de veuves ou parmi les orphelins d'ouvriers ayant appartenu au service de la Marine; 2° parmi les fils des agents du personnel, en tenant compte de l'ancienneté de service et des charges de famille.

Et au cinquième alinéa, cette autre modification : Des commissions d'admission pour les apprentis seront instituées et fonctionneront de la même façon que celles instituées pour l'admission du personnel ouvrier. Ces commissions seront seules juges pour décider de l'admission. Des listes de candidats donnant le résultat de la visite médicale leur seront soumises. Les apprentis ayant satisfait aux exigences des commissions d'essai et ayant l'âge nécessaire passeront aides ouvriers. (Porté à l'article 1, 3° catégorie).

L'article 7 est adopté.

L'article 8 modifié est adopté. Ces modifications sont: Dans la composition des commissions ainsi transformées : 1 surveillant technique, président, 2 chefs ouvriers do 1re classe et 3 ouvriers choisis par leurs camarades d'atelier, et l'adjonction au premier alinéa, ainsi conçu :

2° L'article 1er du décret ministériel relatif aux chefs ouvriers, adjoints, aux surveillants techniques, recevra son application intégrale.

3° Les promus de l'Ecole de Maistrance seront, à leur sortie de l'Ecole, remis sur les travaux.

Et la suite au 3° paragraphe de cette modification : Le 1er paragraphe a pour effet de limiter la proportion des chefs ouvriers commis à la surveillance.

Le 3e paragraphe a pour effet de limiter les actes de favoritisme scandaleux dont nous sommes si souvent témoins.

Les articles 9, 10, 11 et 12 sont adoptés.

L'article 13 avec l'adjonction suivante est adopté :

Le paiement du salaire du personnel ouvrier des arsenaux et établissements de la Marine aura lieu tous les deux samedis.

Les articles 14, 15, 16 sont adoptés.

L'article 17 est adopté avec cette modification au 2° alinéa :

Ils recevront leur salaire intégral, lorsqu'ils auront été blessés, pendant les 3 premiers mois, et 1/2 solde pendant les 3 mois suivants.

L'article 18 est supprimé.

Les articles 19 et 20 sont adoptés.

L'article 21 est adopté.

Au 7e alinéa, la retraite sera reversible pour la totalité sur les veuves et sur les orphelins des ouvriers décédés.

L'article 22 est adopté avec la modification suivante :

Elle sera divisée en dixièmes de 48 et les dixièmes seront fractionnés pour permettre de limiter les pertes de salaire de permission que subissent les ouvriers.

L'article 23 est supprimé.

Il est remplacé par la proposition de Toulon, suivante :

Les syndicats auront droit d'intervenir dans tous les cas généraux ou particuliers relevant de la discipline pour la défense des ouvriers frappés.

<table>
<tr><td>Le Président,</td><td>Les Secrétaires,</td></tr>
<tr><td>TAFFIN.</td><td>CIQUEL, GUYARD.</td></tr>
</table>

Cherbourg soulève encore quelques objections au sujet de l'adhésion à la Confédération générale du Travail.

Le vote ayant été acquis, le Congrès rappelle par le fait du vote, que la Fédération est adhérente à la Confédération. Le cas devra être discuté au Congrès des Travailleurs de l'Etat, et dans quelles conditions l'adhésion de l'Union Fédérative à la Confédération pourra s'opérer, dans quelque cas que ce soit, la discipline impose aux syndicats de s'incliner devant la décision de la majorité.

Le Congrès lève la séance pour aller assister aux débats du Congrès des Travailleurs de l'Etat.

Paris, Bourse du Travail, 4 h. du soir.

Le Secrétaire général du Congrès,
P. FRÈS.

Neuvième Journée

3 JUILLET 1903. — SÉANCE DU MATIN

Président, BERTHON (Toulon).

Secrétaires de séance, ERON (Toulon); MINIER (Lorient.)

L'ordre du jour appelle en discussion la suite des revendications.

Toulon propose que sur la question des retraites reversibles aux veuves et aux orphelins, cette retraite soit étendue aux mères dont le fils viendrait à décéder; ainsi conçu :

ART. 21. — Une pension de retraite ou de retraite proportionnelle sera reversible, en cas de décès du bénéficiaire de ladite retraite, sur les vieux parents dont il était le soutien, après qu'une enquête sur l'indigence ou l'âge des intéressés auront démontré la nécessité de la reversibilité de cette retraite.

Cette proposition est adoptée à l'unanimité.

Toulon propose que le personnel des hôpitaux sera soumis à la même règlementation des heures d'entrée et de sortie que le personnel ouvrier des arsenaux.

(Adopté à l'unanimité).

Toulon propose que les tarifs pour travaux pénibles ou dangereux soient appliqués aux ouvriers travaillant dans les doubles fonds (adopté).

Toulon propose qu'une indemnité régulière soit donnée aux femmes d'ouvriers en couches (adopté).

Toulon propose que la journée du 14 juillet soit payée à tout le personnel ouvrier, sans tenir compte d'aucune considération de réglementation même aux ouvriers qui auraient été absents la veille (adopté).

Toulon. Maintien des ouvriers ayant été l'objet de propositions au tableau d'avancements (adopté).

Toulon. Retrait de la circulaire imposant aux ouvriers de prendre et de quitter leur marron de présence en habit de travail (adopté).

Il est décidé de réserver les travaux de couture, matelasserie, etc., aux veuves d'ouvriers ne jouissant d'aucun secours de l'Etat (adopté).

Proposition de Cherbourg. — Les travaux des ateliers de zingage seront classés dans la catégorie des travaux insalubres et dangereux. Les ouvriers employés à ces travaux recevront les allocations allouées à ces genres de travaux par la circulaire du 16 mai 1898 (adopté).

Les travaux effectués par les boulangers et autres spéciaux seront payés sur les tarifs des travaux hors cloche, conformément au décret du 21 juin 1900 (adopté).

Le Congrès décide d'insister auprès du Ministre pour obtenir la réouverture des cours d'apprentis (adopté).

Sur la proposition du port de Lorient, le Congrès décide qu'un rapport sera adressé sur le fonctionnement de l'Ecole préparatoire de Maistrance.

Rochefort propose qu'une indemnité sera accordée aux ouvriers et aux ouvrières travaillant aux poudreries de St-Michel, cet établissement entrant dans la catégorie des établissements déplacés, dénomination dans laquelle entrent les établissements où il y a des Ecoles de Pyrotechnie (adopté).

Lorient demande la construction de vestiaires et de réfectoires à proximité des ateliers selon les lois d'hygiène (adopté).

Lorient demande qu'il soit mis à la disposition des familles des ouvriers malades en traitement à l'hôpital une canonnière, ainsi que cela existe déjà pour le port de Toulon (adopté).

Lorient signale aussi divers abus et gaspillages à bord des bâtiments dont le Congrès prend note pour en établir un rapport circonstancié qui sera adressé aux autorités maritimes.

Toulon dépose un rapport concernant l'artillerie au port de Toulon. Ce rapport sera soumis au Ministère par les soins du secrétaire général de la Fédération.

Indret émet la proposition qu'une commission soit nommée pour élaborer un projet afin de constituer une fonction au Ministère qui sera chargée de recueillir toutes les plaintes émanant des syndicats fédérés.

Cette proposition est mise aux voix par appel nominal :

	POUR	CONTRE
Toulon	«	4
Cherbourg	«	3
Lorient	«	2
Rochefort	«	1
Indret	1	»
Guérigny	1	»
Ruelle	1	1
Paris	1	»
TOTAUX......	4	11

15

Elle est donc repoussée.

Guérigny présente divers rapports dont la présentation au ministre est adoptée.

Le Congrès décide d'inviter le Ministre à ne pas prendre en considération les réclamations qui proviendraient des divers arsenaux ou établissements de la Marine et qui ne porteraient pas l'estampille des syndicats des Travailleurs réunis.

Il est en outre décidé que la communication des dépêches et circulaires ministérielles soit demandée à Monsieur le Ministre de la Marine.

Le Congrès décide qu'aucun syndicat n'aura le droit de faire pression sur leur député respectif pour interpeller le Ministre si la question à soumettre ne présente pas un caractère général et, si au préalable, elle n'a été soumise à l'approbation des syndicats fédérés. Toute protestation dans ce sens ne pourra être présentée que par la Fédération.

Le Congrès émet le vœu que les ouvriers blessés sur les travaux et qui ne pourront être traités dans les Hôpitaux, soient envoyés en traitement chez les spécialistes aux frais du département.

Le Congrès ayant terminé la discussion des diverses revendications, passe à la discussion des cas à soumettre à la Commission du budget qui sont : 1° Augmentation générale du 0 fr. 50; 2° Augmentation de retraites; 3° Concession de retraites proportionnelles après 15 ans de service pour les ouvriers et pour les veuves, pour les mères et pour les orphelins d'ouvriers décédés en cours de service.

Le Congrès désigne le Camarade Frès pour soumettre ces diverses questions aux membres de la Commission du budget.

L'ordre du jour appelle en discussion la question de l'*Emancipateur*.

Il est décidé qu'aucune note ne sera insérée si elle ne porte le cachet et la signature du secrétaire général du syndicat mandataire.

La composition du journal est vivement critiquée, en ce qui concerne l'esprit des différents articles qui y sont insérés; il est décidé que chaque numéro ne contiendra jamais plus de 2 articles de discussion ou de philosophie, il sera réservé une colonne pour chaque organisation, et les articles devront être brefs autant que possible, afin de permettre à chaque organisation de collaborer à chaque apparition du journal.

Les articles seront adressés à la Fédération qui les vérifiera et les transmettra à la Commission du journal.

Le Congrès adopte enfin que les annonces ne seront plus insérées à partir du 1er janvier 1904.

Le Congrès lève la séance à 1 h., pour se rendre à la Commission du budget.

Paris, Bourse du Travail, 1 h. du soir.

Le *président*,   Les *secrétaires*,

BERTHON.   ERON, MINIER.

Compte rendu de l'Entrevue
de la Commission du Budget

---

3 JUILLET.

A 5 h. du soir, le Congrès est reçu par la Commission du budget. Le Secrétaire général du Congrès, auquel est dévolue la mission de présenter les revendications, explique que, lors des précédents Congrès, les travailleurs des Arsenaux avaient indiqué certains moyens aux membres de la Commission du budget précédente, dont le résultat est encore attendu pour les 3 grandes améliorations réclamées.

Ces améliorations sont : L'augmentation générale des salaires et des retraites et l'établissement de retraites proportionnelles pour les veuves et pour les orphelins des ouvriers décédés.

Le Secrétaire général fait ressortir que le seul privilège dont jouissent les salariés de l'Etat est, sans contredit, la misère résultant du salaire inférieur aux besoins matériels de la vie qui pousse ces ouvriers à faire appel à la bienfaisance publique.

Il est déplorable que l'Etat fasse subir une telle situation à ses salariés. Ou, autre dicton qui est assez répandu, pour empêcher que les réformateurs régularisent cette situation désastreuse, c'est que la main-d'œuvre du personnel des Arsenaux est inférieure à celle des Arsenaux de l'Industrie. Ces faits ont démontré maintes fois la fausseté de ces allégations, et si des longueurs ont été parfois constatées, elles ne sont dues qu'à la répartition et à la distribution fantaisiste des travaux ordonnés.

Sur la question de l'augmentation des retraites, il démontre qu'il est illogique de faire subir aux ouvriers un amoindrissement dans la solde journalière à l'âge auquel ils ont le plus besoin de soins et que, par ce seul fait, l'augmentation des retraites s'impose si le gouvernement ne veut pas s'attirer un discrédit.

Il en est de même pour la question des retraites proportionnelles à accorder aux veuves et aux orphelins qui, en droit, doivent être les héritiers directs des ouvriers décédés.

Les raisons fournies au sujet de l'augmentation de retraite sont toutes d'ordres financiers en se rapportant à la gestion financière des sociétés de Secours Mutuels qui, par le versement de leurs adhérents leur versent, au bout d'un temps déterminé, une pension de retraite.

Diverses objections sont soulevées sur le mode d'opération pour augmenter les retraites des ouvriers des Arsenaux.

Le Secrétaire général signale alors divers gaspillages permanents qui peuvent faire réaliser une immense économie au bénéfice de ces revendications. Il cite l'aberration administrative des ateliers flotte, dont la constitution absurde aborde des budgets sans aucun résultat et explique de quelle façon l'infériorité de la main d'œuvre ouvrière a pris corps, cette infériorité est expliquée par l'emprunt constant des matières et d'outillages aux ateliers de diverses directions des Arsenaux qui limite les dépenses des ateliers Flotte dans une extravagante mesure.

La Commission du budget prend note de toutes ces indications et diverses raisons sont fournies par Rochefort, Cherbourg et Toulon au sujet des avancements.

Rochefort, pour répondre aux allégations de M. Messimy, de la Commission du budget, explique que si l'on travaille peu dans certains arsenaux, la faute en incombe à l'administration qui ne donne qu'une somme dérisoire de travaux à exécuter.

Le secrétaire général dit que si le travail n'est pas important dans les arsenaux, il faut l'attribuer à l'hostilité qui règne entre le ministre et l'administration des arsenaux qui arrête tous les travaux pour porter préjudice à la main-d'œuvre et au gouvernement.

Le camarade Berthon rappelle que l'augmentation de 0 fr. 50 n'a pas été donnée, pas même l'augmentation de 0 fr. 20, proclamée si urgente, et qu'il est temps que le gouvernement républicain tienne les promesses inscrites à son programme.

Le camarade Reymonenq prononce un remarquable discours dans lequel il fait ressortir l'extrême pénurie des ouvriers des Arsenaux et leur ardent désir de progrès matériel et intellectuel auquel le président de la Commission du budget répond en affirmant ses sentiments de bienveillance envers les ouvriers des Arsenaux, et les congressistes se retirent.

Paris, Bourse du Travail, 7 heures du soir.

Le Secrétaire général du Congrès,

Signé : FRÈS..

Dixième Journée. — Séance de Clôture

4 JUILLET. — Matin

Président, Berthon, de Toulon.

Secrétaires de séance, Eron, de Toulon; Minier, de Lorient.

La séance est ouverte à 7 heures.

Le Secrétaire général donne lecture des procès-verbaux des précédentes séances. Les procès-verbaux sont acceptés à l'unanimité.

Avant d'aborder la discussion de l'ordre du jour qui compte la vérification de la gestion financière de la Fédération et du journal l'*Emancipateur* :

Toulon propose de demander au Ministre que si un avancement peut être accordé aux ouvriers de l'Ecole de Pyrotechnie, cet avancement se fasse en proportion même en tenant compte de l'avancement accordé il y a deux ans, afin de faire profiter dans une plus large mesure les ouvrières ayant un salaire inférieur.

La proposition de Toulon est adoptée à l'unanimité.

Une Commission est ensuite nommée pour vérifier la gestion de la Fédération ; sont nommés pour faire partie de ladite Commission, les camarades Chiché (Indret); Giquel (Cherbourg); Guyard (Ruelle); Aussel (Paris); Taffin (Lorient) ; Ricroch (Guérigny), et Joubert (Rochefort).

La Commission relève une erreur de 3 fr. et quelques centimes au détriment du trésorier, qui est imputable à une erreur de report et un léger vice de comptabilité que la Commission signale afin qu'elle soit rectifiée, ces diverses observations ne comportent aucun caractère malsain et sont au contraire à l'avantage du trésorier, et la Commission en prend acte dans ses conclusions.

Ensuite le Congrès adopte les conclusions de ladite Commission et vote un ordre du jour au camarade Sivan, trésorier de la Fédération.

Sur la proposition du Secrétaire général du Congrès, il est décidé d'inscrire les ouvriers travaillant aux meules d'émeri, parmi les professionnels affectés aux travaux dangereux pénibles.

Une discussion s'élève ensuite aux suites des agissements des religieuses envers les malades des hôpitaux et leur intolérance. Le Congrès décide de demander au Ministre la laïcisation des hôpitaux de la Marine dans le plus bref délai.

Les travaux du Congrès étant terminés, les congressistes se séparent pour se retrouver, le soir à 5 heures. au Ministère, où les revendications seront soumises et discutées devant le Ministre de la Marine.

Paris, Bourse du Travail, 12 h. 30.

Les Secrétaires de séance,　　　　*Le Président,*

　　Signé : ERON et MINIER.　　　　Signé : BERTHON.

Entrevue Ministérielle

4 JUILLET. — (Soir).

A 5 heures du soir, les congressistes, accompagnés d'une grande partie des membres du groupe des députés des ports, sont reçus par M. le Ministre de la Marine.

Le Secrétaire général lui remet les résultats des travaux élaborés pendant le 4ᵉ Congrès et lui signale les plus urgentes des revendications dont le personnel de la Marine est en droit d'attendre une prompte réalisation.

Tous les délégués lui soumettent diverses réclamations, revendications ou propositions spéciales dont le Ministre prend note.

Toulon parle ensuite au nom des ouvriers chauffeurs et prie le Ministre d'étendre le bénéfice de l'amnistie votée par les chambres à tous les camarades et que les journées de mise à pied leur soient payées.

Le Ministre promet de faire son possible pour donner

saitisfaction ; les congressistes discutent ensuite les revendications générales.

Au sujet des ouvrères de l'Ecole de Pyrotechnie, il est demandé que la journée du 14 juillet leur soit allouée comme à tous les camarades et que l'allocation de cette journée soit accordée à tous les personnels sans qu'il soit tenu aucun compte des considérations d'absence stipulées pour la journée de la veille.

Le Ministre prend note de ces déclarations qui l'étonnent grandement et promet d'y remédier.

Au sujet de l'avancement général, il est demandé que, si les crédits le permettent, l'avancement soit inversement proportionnel au salaire, afin que les salaires inférieurs en profitent le plus.

Le Ministre dit qu'il a terminé son travail à ce sujet et qu'il s'est inspiré des demandes des délégués de divers syndicats et, sur la demande des congressistes. il promet de faire sortir ces avancements pour le 14 juillet.

Diverses questions sur les retraites et retraites proportionnelles lui sont ensuite soumises, sur lesquelles le Ministre assure ne pouvoir encore se prononcer.

Les congressistes signalent au Ministre la situation des ouvriers stagiaires ayant plus de quatre années de service et qui n'ont pas encore été nommés permanents, contrairement aux prescriptions des décrets.

Le Ministre répond qu'en effet il y a là une violation flagrante des règlements, mais, ajoute-t-il, cette situation ne saurait se prolonger, des ordres vont être donnés incessamment.

Les camarades Berthon et Frès demandent que la troisième visite médicale soit supprimée, car celle-ci n'est qu'arbitraire ; il est tout à fait injuste que des ouvriers ayant accompli quatre années de stage se voient, au moment d'être définitivement admis, refusés, sous prétexte qu'ils sont atteints de... les empêchant de pouvoir continuer leurs services dans les arsenaux et qu'il y a lieu de tenir compte que pendant ce laps de temps l'ouvrier est sujet de contracter les germes d'une maladie quelconque, en effectuant des travaux en service commandé.

Le Ministre répond qu'il ne peut se prononcer d'une façon catégorique en ce moment, mais il promet d'étudier attentivement cette question.

Il est également demandé au Ministre de vouloir

bien ordonner la réadmission immédiate des jeunes gens qui ont quitté les arsenaux pour accomplir leur service militaire et qu'il y aurait lieu, à l'avenir, de les admettre sitôt leur service terminé.

Le Ministre répond qu'il va donner des ordres dans ce sens ; il trouve inadmissible la situation faite à ces jeunes gens.

Chaque délégué lui soumet ensuite les revendications particulières à leur syndicat.

Soutenus par les membres du groupe des députés des ports, et après réponse satisfaisante du Ministre, les congressistes prennent congé de lui à 7 heures du soir.

Paris, Bourse du Travail, 8 h. 30 du soir.

Le Secrétaire général du Congrès,
FRÈS.

REVENDICATIONS

Adoptées pendant les Congrès

des Travailleurs Réunis

DE LA MARINE DE L'ÉTAT

ARTICLE PREMIER

Retraites proportionnelles pour les veuves et les orphelins d'ouvriers décédés au cours de leurs services (Voir revendications, art. 21).

ART. 2.

Cahier de revendications des ouvriers de l'Ecole de Pyrotechnie. (Voir cahier.)

ART. 3.

Abrogation du décret Besnard, de 1895, réglementant les relations entre chefs et subordonnés, en ce qui concerne les personnels ouvriers civils.

ART. 4.

Abrogation de la circulaire du 5 juin et de la partie des commentaires des décrets de 1900, ayant trait aux ouvriers chauffeurs allant aux essais en mer et aux ouvriers travaillant en rade. Maintien de l'ancienne réglementation. Résolue.

Art. 5.

Suppression du périmètre médical. En attendant l'application de cette réforme, la réglementation actuelle sera unifiée, en prenant pour base la réglementation du port ou de l'établissement le plus avantagé sous ce rapport.

Art. 6.

Retraites au personnel ouvrier portées à 1.100 francs pour les chefs-ouvriers et à 1.000 francs pour les ouvriers de toutes catégories, reversible sur les veuves, sur les mères et sur les orphelins des ouvriers décédés.

Art. 7.

Légalisation de la journée de huit heures. (Voir pour réglementation : Revendications, Art. 22.)

Art. 8.

Institution d'un avancement unique, périodique et régulier à l'ancienneté.

Augmentation générale des salaires, proportionnellement inverse au salaire par classe et à chaque classe, avec un maximum de 0 fr. 50.

Art. 9.

Suppression du travail à la tâche et aux pièces.

Art. 10.

Allocation permanente de l'indemnité de séjour. (Dimanches et jours fériés pareillement que pendant les jours ouvrables à tous les ouvriers dépendant du Ministère de la Marine travaillant à Paris.) Les allocations unifiées seront égales pour toutes les catégories d'ouvriers (spécialistes et manœuvres) ; elles seront payées au taux existant pour les ouvriers de spécialités.

Art. 11.

Titularisation des ouvriers en régie du Laboratoire Central de la Marine et de l'Établissement maritime de Ruelle.

Art. 12.

Régularisation de la situation des manœuvres du Laboratoire Central de la Marine et de tous les ports et établissements maritimes hors des ports où il peut en exister, qui ont fait un essai satisfaisant d'ouvriers de spécialités.

Art. 13.

Modification des Commissions d'avancement dans le sens sous-indiqué :

1 Surveillant technique (président) ;
2 Chefs-ouvriers ;
3 Ouvriers choisis par leurs camarades d'atelier.

Art. 14.

Paiement des retraites après 25 ans de services et sans limite d'âge aux agents du personnel ouvrier de la Marine de l'État.

Art. 15.

Fractionnement par moitié des 1/10 de présence, afin d'amoindrir, dans les cas de permissions, les retenues de salaires.

Art. 16.

Suppression des médailles dites de travail pour les personnels ouvriers de la Marine de l'État.

Art. 17.

Droit pour les apprentis, ayant atteint l'âge pour passer ouvrier et en possédant les aptitudes professionnelles, d'être nommés aides-ouvriers et d'en jouir de tous les bénéfices.

ART. 18.

Institution d'un service médical et pharmaceutique gratuits pour les personnels ouvriers des Arsenaux et établissements de la Marine.

ART. 19.

Vœu tendant à créer des postes de pharmaciens diplômés dans tous les établissements hors des ports qui sont dépourvus d'hôpital.

ART. 20.

Classification dans la catégorie des travaux pénibles ou dangereux des professions des ouvriers travaillant aux fours, fondeurs de métaux, chaîniers et ceintreurs de cornières.

Gardiens de Bureaux

ART. 21.

Le recrutement des gardiens de bureaux se fera parmi les ouvriers travaillant ou ayant travaillé au service de la Marine, ayant cessé à la suite d'accidents ou de maladie les empêchant de continuer leur ancienne profession, mais étant demeurés assez valides pour exercer la fonction de gardiens de bureaux. Il ne sera désormais plus admis d'ouvriers jouissant d'une retraite pour remplir ces fonctions.

ART. 22.

Les gardiens de bureaux seront organisés conformément aux décrets régissant le personnel ouvrier contenus dans les décrets du 21 juin et 2 octobre 1902.

Ouvriers dessinateurs non organisés

ART. 23.

Les ouvriers dessinateurs non organisés seront introduits au fur et à mesure des vacances qui pourront se produire dans les cadres du corps entretenu des dessinateurs.

Toutefois, il est bien entendu qu'aucun crédit ne sera détourné pour opérer cette organisation tant que le personnel ouvrier n'aura pas bénéficié de l'avancement général promis.

ART. 24.

Seront considérés comme accomplissant des travaux pénibles ou dangereux les ouvriers travaillant devant les fours : les fondeurs de métaux, chaîniers et cintreurs de cornières. Les ouvriers affectés à ces différents travaux recevront l'allocation spécifiée dans les tarifs des travaux pénibles et dangereux.

ART. 25.

Seront considérés comme accomplissant les travaux insalubres ou nuisibles tous les ouvriers affectés en permanence aux meules d'émeri ; ils recevront l'allocation spécifiée dans les travaux insalubres.

Suppression de la Régie dans les Arsenaux

ART. 26.

Tous les ouvriers appartenant à cette catégorie seront immatriculés dans le cadre sédentaire et concourront aux droits à une pension de retraite.

ART. 27.

Titularisation des ouvriers en régie directe de la Fonderie nationale de Ruelle et du Laboratoire central de la Marine de Paris.

ART. 28.

Suppression de la visite médicale imposée aux ouvriers stagiaires devant passer permanents.

ART. 29.

Application intégrale de la loi de 1893 sur l'hygiène des ateliers.

Art. 30.

Réouverture des buanderies des arsenaux.

Art. 31.

Augmentation des crédits affectés aux effets de fatigue afin d'assurer à chaque ouvrier la possession d'un complet de travail de rechange.

Art. 32.

Sortie facultative des effets de fatigue hors des arsenaux accordée aux ouvriers.

Art. 33.

Toutes les places dans les ateliers de la Marine et la gérance des débits de tabacs seront concédées aux veuves d'ouvriers décédés au service de l'Etat.

Art. 34.

Installation d'une pharmacie gratuite et d'une ambulance aux ateliers d'artifices de Vergouroux et à la pouarière du Moulin-Blanc.

Art. 35.

Suppression des religieuses dans les hôpitaux de la Marine, les remplacer par des veuves et des orphelines d'ouvriers de la Marine.

Art. 36.

Substitution du mastic au minium.

Art. 37.

Allocation d'un supplément aux ouvriers travaillant le plomb, les substances vénéneuses et le chlorure de calcium.

ART. 38.

Suppression des ateliers flotte.

ART. 39.

Le personnel des hôpitaux sera astreint au même règlement des heures d'entrée et de sortie que le personnel des arsenaux.

ART. 40.

Paiement de la journée du 14 juillet, même aux ouvriers qui se seraient absentés la veille.

ART. 41.

Les ouvriers ayant été l'objet de propositions d'avancement seront maintenus au tableau établi à cet effet.

ART. 42.

Retrait de la circulaire imposant aux ouvriers l'obligation de prendre et de poser leur marron de présence en habit de travail.

ART. 43.

Affermage par voie d'adjudication des bureaux de tabacs au bénéfice exclusif des caisses de l'Etat pour l'institution d'une caisse nationale de retraites ouvrières.

ART 44

Titularisation de tous les ouvriers chauffeurs ayant au moins 18 mois d'inscription sur la liste de chauffe.

Cette titularisation entraînera avec elle :

1° Une augmentation de 0 fr. 20 par jour sans préjudice des diverses allocations prévues par les tarifs ;

2° Un supplément de 0 fr. 50 par heure passée devant les feux ;

3° Le paiement des essais avec les soldes journalières acquises dans la quinzaine.

Dans chaque atelier une liste de chauffeurs désignés pour aller effectuer des essais sera affichée ; dans les ateliers, on intercalera les ouvriers anciens avec les nouveaux.

Le Secrétaire Général du Congrès,

P. FRÈS.

REVENDICATIONS

Dont la réalisation peut être immédiate

ARTICLE PREMIER

Boulangers et Meuniers

Les travaux faits par les ouvriers boulangers, meuniers, zingueurs et tous autres, effectuant des travaux spéciaux nécessitant huit heures de travail consécutives, recevront un abondement d'un quart dans leur salaire pour chacune des heures employées en hors cloche.

Art. 17 du décret du 21 juin 1900.

ART. 2.

Les ouvriers se trouvant en retard et ne pouvant entrer aux heures réglementaires, auront la faculté d'entrer jusqu'à 3 heures après l'heure d'entrée réglementaire, avec retenue de salaire correspondant aux dixièmes perdus.

ART. 3.

Ouvriers des Ecoles de Pyrotechnie

Les ouvriers des Ecoles de Pyrotechnie se trouvant dans des conditions particulièrement inférieures à celles des ouvriers des autres directions et les travaux exécutés par eux mettant chaque jour leur vie en danger, il est juste de leur allouer un supplément de salaire pour travaux dangereux.

D'autre part, les établissements où ils travaillent se trouvant obligatoirement éloignés, les ouvriers qui y sont affectés se trouvent déplacés. Il en résulte que les distances à franchir pour se rendre au travail sont parfois considérables et que cet inconvénient rend la tâche de nos camarades plus particulièrement pénible.

Nous demandons, pour eux, un supplément de 0 fr. 60 par jour. (Travaux dangereux et éloignement).

Les personnels de ces ateliers et des divers ateliers d'artifices de la Marine des autres ports, dont le périmètre médical est à 2 kilomètres, sera porté à 4 kilomètres, en attendant que le périmètre médical soit supprimé.

Le personnel de ces divers établissements demande également qu'il lui soit distribué, gratuitement, les médicaments, de même qu'à Indret et à Ruelle, c'est-à-dire qu'ils soient étendus à la famille habitant en commun, ascendant compris, dans un rapport adressé à M. le Ministre de la Marine, on aurait demandé à ce que le personnel civil de l'Ecole de Pyrotechnie de Toulon soit dirigé par les surveillants techniques ou par les chefs-ouvriers.

Nous pensons que M. le Ministre de la Marine voudra bien faire appliquer à l'Ecole de Pyrotechnie de Toulon *et à tous les ateliers d'artifices de la Marine*, les dispositions qu'il a cru devoir prendre dans son rapport dernier.

Le personnel de ces divers établissements désirerait voir s'établir des cours professionnels comme ceux de la Maistrance, afin de préparer des surveillants et des ouvriers artificiers.

Art. 4.

Rétablissement des cours professionnels pour les apprentis

Il sera créé des cours professionnels pour les apprentis dont l'instruction primaire n'est pas suffisamment développée.

Nous pensons que ces écoles rendront de grands services, tant au point de vue de l'apprentissage qu'à celui du développement moral des jeunes gens se consacrant aux travaux de la Marine.

Art. 5.

Renvoi, réduction du personnel ou chômage

Si les circonstances viennent à exiger une réduction de l'effectif du personnel ouvrier, on opérera cette réduction par la suppression des admissions et la mise à la retraite.

En aucun cas, les Directeurs ne pourront faire chômer tout ou partie de leur personnel. Dans le cas où les crédits d'une direction deviendraient insuffisants, l'excédent du personnel serait reporté pour la fin d'année, proportionnellement aux crédits disponibles dans les autres services des directions.

ART. 6.

La saisie-arrêt, telle qu'elle est pratiquée actuellement sur ceux contre lesquels des jugements ont été pris, ne sera plus pratiquée dans les Arsenaux et établissements de la Marine.

Suppression de l'affichage des saisies-arrêts sur les listes de payement.

ART. 7.

Les indemnités à accorder aux ouvriers chargés de famille seront présentées par les Associations syndicales.

ART. 8.

Les communications seront données par les soins de l'Administration, par voie d'affichage, dans les ateliers de la Marine de l'État, des états d'avancement, circulaires, dépêches ministérielles et ordres de services se rattachant d'une façon quelconque au personnel ouvrier.

ART. 9.

Tous les chefs-ouvriers et ouvriers seront mis à la retraite d'office à l'âge de 55 ans, s'ils ont accompli 25 ans de service.

ART. 10.

Il sera communiqué aux commissions d'avancement et d'admission tous les renseignements prévus par le paragraphe : (Avancements facultatifs), du décret du 4 octobre 1900, à l'exclusion de toute note personnelle.

Art. 11.

Il sera nommé par le Ministre de la Marine une commission analogue à celle de l'Administration de la Guerre pour examiner les propositions présentées par les Syndicats, concernant l'application des décrets en vigueur et les revendications nouvelles qu'ils croiront devoir leur présenter.

Comme conséquence, le Congrès exprime le vœu que les membres du Parlement qui devront en faire partie soient présentés par les Syndicats intéressés.

Art. 12.

Un tableau d'avancement sera dressé pour les ouvriers proposés pour le grade de chef-ouvrier.

Ils seront nommés dans l'ordre de leurs inscriptions. Ceux qui n'atteindraient pas la solde recevront, au moment de leur nomination, autant de primes à la capacité nécessaires pour atteindre le salaire minimum de la catégorie des chefs-ouvriers.

Art. 13.

Suppression totale de la régie directe.

Art. 14.

Suppression des fêtes religieuses.

Le Secrétaire Général du Congrès,

Frès.

REVENDICATIONS DES OUVRIÈRES

de l'École de Pyrotechnie

et des Hôpitaux de la Marine

ARTICLE PREMIER

L'ouvrière admise est placée dans la troisième classe et se trouve dans la position d'ouvrière stagiaire.

La durée de ce stage sera de 4 ans.

ART. 2.

Au bout de 4 ans, l'ouvrière de troisième classe passe de droit dans la seconde. Cette nouvelle position lui donne droit à un avancement de 0 fr. 50 ; en outre, elle passe dans le cadre des permanentes et acquiert des droits à la retraite. Le temps de stage sera compris dans le décompte des temps de service pour l'obtention du droit à la retraite.

ART. 3.

L'ouvrière de deuxième classe ayant accompli cinq années dans cette position, passe dans la première classe et bénéficie d'une nouvelle augmentation de 0 fr. 50.

ART. 4.

Les soldes journalières allouées aux ouvrières sont les suivantes :

3e classe, 2 fr. ; 2e classe, 2 fr. 50 ; 1re classe, 3 fr.

ART. 5.

Toute ouvrière ayant accompli 25 années de services aura droit à une pension de retraite dont le montant est fixé à 600 francs.

ART. 6.

Une pension de retraite proportionnée aux états de service sera servie à l'ouvrière que la maladie aura mise dans l'impossibilité de continuer ses services.

Une retraite proportionnelle, après 15 ans de services, leur sera accordée sur leur demande.

ART. 7.

Toute ouvrière reconnue malade aura la faculté de se faire soigner à l'hôpital de la Marine, dans une salle réservée à cet effet. Pendant toute la durée des couches, les ouvrières recevront une indemnité de 50 francs en sus de leur salaire de maladie.

ART. 8.

L'ouvrière habitant seule, de même que celle qui vit en famille toucheront la demi-journée de solde de maladie.

ART. 9.

Le périmètre médical est supprimé.

ART. 10.

Un local sera réservé aux ouvrières possédant des enfants non sevrés, afin de pouvoir leur donner l'allaitement nécessaire. Ce local sera convenablement fermé aux intempéries et sera pourvu de poêle pendant l'hiver.

Art. 11.

Un supplément quotidien de 0 fr. 30 sera accordé à toutes ouvrières employées dans les écoles de la Marine au même titre que les ouvriers exécutant des travaux dangereux.

Art. 12.

Les travaux à la tâche et aux pièces seront supprimés.
Modifications revues et adoptées par le Congrès, en séance du 26 juin, soir, 1903.

Le Secrétaire Général du Congrès,

Frès.

Décision au sujet des Avancements

(Adopté par le Congrès et présenté au Ministre

de la Marine)

Les congrès précédents ayant présenté déjà les considérations par lesquelles ils avaient jugé nécessaire de soumettre en premier lieu la question de l'augmentation générale des salaires, nous l'expliquerons aujourd'hui d'une façon plus succincte, en demandant à M. le Ministre de vouloir bien donner une réponse catégorique au sujet de ces avancements et de bien vouloir en donner le plus exactement la date.

Dans chaque port ou établissement maritime, la moyenne des salaires, malgré les différences entre elles qui semblent constituer une inégalité, est strictement établie dans une mesure rigoureusement relative à la valeur la plus inférieure des moyens de subsistances de chaque localité. Or, depuis longtemps, les salaires, malgré les prétendues augmentations partielles des moyennes, qui n'ont touché qu'une infime catégorie de salariés, n'ayant pas suivi la progression annuelle des impôts directs et indirects que l'on prélève sur chaque citoyen, indépendants des autres moyens de subsistances qui, eux aussi, subissent les influences de l'augmentation des impôts. Ces salaires immobilisés sont devenus forcément inférieurs, de telle sorte que les salariés de l'Etat sont obligés de compenser ces différences par des moyens parfois regrettables mais toujours affligeants. Le devoir de l'Etat, et nous sommes heureux de constater qu'il semble l'avoir compris, le devoir de l'Etat, auteur principal de cette infériorité des salaires de ses producteurs, a le devoir de rétablir l'équilibre interrompu entre les obligations imposées aux contribuables qu'il salarie et les moyens qu'il offre à ses salariés pour s'acquitter de leur part contributive.

Par ces considérations, nous soumettons donc à M. le Ministre le vœu par lequel nous souhaiterions voir réaliser l'augmentation des salaires que nous demandons.

Le Congrès l'a supprimé dans sa séance du 2 juillet sous forme de vœu ainsi conçu :

« L'avancement général sera réparti également entre tous les ouvriers. Les sommes destinées aux primes à la capacité seront confondues avec celles que M. le Ministre peut avoir à sa disposition, afin de permettre à tout le personnel ouvrier de profiter d'une plus sensible augmentation de solde. Toutefois, si la somme globale ne permettait pas de donner un avancement égal pour tous, il sera juste de donner un avancement plus élevé à ceux qui jouissent d'un salaire inférieur.

« Il sera de même équitable de ne faire aucune distinction entre les ouvriers permanents et les ouvriers stagiaires. Ces deux catégories devront être traitées d'une façon égale. »

Ont signé :

Pour :

Toulon......	BERTHON, REYMONENQ, ERON
Rochefort....	JOUBERT.
Lorient......	TAFFIN, MINIER.
Cherbourg...	MARS, GICQUEL, DUPONT.
Paris.........	AUSSEL.
Indret........	CHICHÉ.
Ruelle.......	PICARD, GUYARD.
Guérigny....	RICROCH.

Le Secrétaire général du Congrès,

P. FRÈS.

STATUTS DE LA FÉDÉRATION

Articles modifiés par le Congrès de 1903

ART. 3.

ADDITION ..... par tous les moyens de propagande dont on pourra disposer pour la connaissance des idées syndicales et par la *Grève Générale*.

ART. 4.

ADDITION ...... *quand un syndicat fera appel au Comité Fédéral, pour la défense de ses intérêts ; la grève générale pourra être préconisée par la Fédération, mais elle ne s'y trouvera pas obligée par une grève partielle, provoquée par des faits dont elle n'aurait pas été saisie.*

ART. 6.

ADDITION ..... *Les syndicats sont entièrement autonomes pour admettre dans leur sein des ouvriers en règle.*

ARTICLE 10 (nouveau)

Aucun syndicat n'a le droit de faire pression sur les représentants du Parlement, dans le but d'interpellation, avant que d'en avoir, au préalable, donné connaissance aux syndicats fédérés, par la voie de la Fédération et en avoir reçu l'autorisation.

ART. 15 (ancien 14)

A ajouter après le 1er alinéa

Les mandats seront adressés au trésorier et les lettres con-

tenant ces mandats devront être adressées au Secrétaire général de la Fédération.

Art. 17 (ancien 16)

Le Congrès se réunit *toutes les années au mois de juin.*

Art. 22 (ancien 21)

A partir du 1er octobre 1903, la Fédération Nationale des Travailleurs réunis de la Marine de l'Etat est adhérente à la Confédération générale du travail.

BULLETIN OFFICIEL

Art. 24 (ancien 23)

A ajouter après l'alinéa commençant par ces mots :

La seconde non officielle...

1° Il pourra être inséré des articles philosophiques dans la proportion, dont le maximum ne pourra dépasser DEUX *par numéro, à condition, toutefois, que cette insertion ne puisse, dans aucun cas, nuire aux articles d'ordre corporatif.*

2° Les articles pour le journal émanant des fédérés devront porter l'estampille des Syndicats adhérents à la Fédération et le visa du Secrétaire général de l'organisation. Ils seront adressés au Comité Fédéral qui en sera responsable.

3° Les articles devront être le plus court possible. Il sera réservé de droit une colonne du journal pour chaque syndical et par numéro.

A compter du 1er janvier 1904, les annonces sont supprimées.

Certifié conforme aux décisions du Congrès par les délégués présents à la Bourse Centrale du Travail de Paris, le samedi 4 juillet 1903.

Ont signé :

Pour Cherbourg : Mars, Gicquel et Duport.
Pour Guérigny : Ricroch.
Pour Lorient : Taffin, Minier.
Pour Indret : Chiché.
Pour Rochefort : Joubert.
Pour Ruelle : Picard, Guyard.
Pour Toulon : Berthon, Reymonenq, Eron.
Pour Paris : Aussel.

Le Secrétaire Général du Congrès,

FRÈS

Documents manquants (pages, cahiers...)
NF Z 43-120-13